育子三件宝：

言传、身教、环境好

曾国平　曾　经／著

重庆大学出版社

育子责任的担当

曾教授写作并公开出版过三本关于责任方面的书籍：《从责任走向优秀》《悟道责任》《责任的担当》。这三本书的主题一以贯之："责任比能力更重要。"

《责任的担当》一书"前言"的标题是**"最美莫过担当人"**。同样的道理，最美的家长，就是担当育子责任的人。

在《责任的担当》的"前言"中有这样一段话：

"责任，担当才是硬道理；一个人，就是因为担当才来到人世间的；担当责任，是人之为人的起码要求；不担当责任，等于没有责任；不落实责任，再强调它的重要性也没有任何意义。"

一个人，**兴趣可以转移，但责任不能推卸**。

同样的道理，作为父母，你把孩子生下来了，你有什么理由不好好教育培养孩子呢？父母必须担当教育培养孩子的责任，而且还要担当把孩子教育好的责任。

家长当然不能把教育培养孩子的责任推卸给别人，而且，家长推卸这个责任，别人也是不会接招的。

有的家长在教育培养孩子方面不负责任，甚至是极不负责任，这样对孩子、对父母、对家庭、对社会都没有好处！而且，对自己孩子的教育培养都不负责任，你还能对什么事情负起责任？

教育孩子成人成才，学校的责任重大，但是，家长的责任显然更为重大。

居里夫人曾经说过："伟大的事业都是要付出代价的，这个代价就是负责任！"

教育孩子本身就是事业。

试问：还有比教育孩子的事业更重要的事业吗？

许多人把教育培养孩子与自己的工作对立起来，认为会相互影响。

我们认为，育子与工作相互影响的可能性是存在的。但是，应该是在二者关系处理不好时，才会产生不好的影响。

我们坚持认为：不能把教育培养孩子与工作对立起来，如果二者的关系处理得好，不仅不会相互影响，还会相互促进。

很多人进入了一个误区："我很忙，没有功夫教育孩子。"

家长们、父母们，你问一下自己：

你到底在忙什么？

你为什么忙？

你是怎样忙的？

有很多家长是"忙、盲、茫"！

忙碌的忙，忙工作、忙生意、忙应酬、忙麻将、忙看微信，的确很忙！

盲目的忙，碌碌无为，蹉跎岁月，浑浑噩噩，不知道一天到底忙了些什么！

茫然的忙，忙得无边无际，忙得连自己姓什么都不知道了，忙得不知道为什么而忙！

其实，忙而不育子，忙而不能把孩子教育好，的确有！但那只是借口、托词，那是对孩子教育的不负责任！

遍观许多问题孩子，为什么有这样那样的问题，产生问题的原因是什么？其中重要的就是父母的这一个"忙"字误了许多孩子。

据说南方某省的一所特别优秀的小学有一条规定，如果学生家长的素质素养太低，孩子再优秀也不能收！如果家长都很忙、太忙太忙，都是所谓事业型的家长，特别是忙得完全不管孩子，只是把孩子一送到学校就了事，该学校也不接收这样的孩子入学。

我们认为，这样的规定不一定是对的，毕竟不能一概而论！但是，作为家长、作为父母，我们也要反思一下，人家学校为什么要作这样的规定？

孩子教育得好不好，会影响工作、影响事业。

孩子教育好了，父母会放心工作，工作起来很有劲，更容易出成果、有成绩、有成就；而孩子没有教育好，你还有心思工作？还有劲头？还有情绪？还有精力精神？

在 061 基地的一场特殊演讲

几年前，曾教授应邀到 061 基地的一个分公司去演讲，主要是给该公司的中高层管理者讲"管理创新"。

第一天，管理创新的内容讲完了。第二天，该公司又为曾教授安排了一场特殊演讲："培养高情商孩子"。而且把全体职工和家属都邀请来听，还为每位职工和家属发了曾教授所著的一本书：《情商成就孩子未来》。

曾教授感到不解，问公司赵总："此举何意？"

赵总是这样向曾教授解释的："教授，如果我们的职工和家属听了您所作的教育孩子的报告，看了您写的关于教育孩子的书，把他们的孩子教育好了，他们的后院就不起火了，就会全身心地投入工作。"

当然，不可能听了一些教育孩子的报告，看了一些教育孩子的书，就一定能够把自己的孩子教育好，不可能这么神奇。但是，061基地赵总的这一做法，真让人佩服不已。实际上，这就是一种很好的领导方法和领导艺术。

孩子教育得不好，几乎无法弥补！

在我们的一本书和光碟《培养高情商孩子》中，有这样一段话："**任何人，事业再成功，也弥补不了对孩子教育的失败。**"

而且，孩子教育得不好，不仅会影响家长的事业，更直接影响的是孩子本身，会影响孩子的成才、成人，影响孩子的终生！甚至会影响他人、影响社会！有的孩子就会沦为社会的包袱，去危害他人，危害社会，成了"害人精"。某知名大学投毒致人死亡的研究生林某某，不就成了"害人精"？给死者、给死者的家庭；给自己、给自己的父母，造成了多么大的灾难！

误区：我的孩子没有问题呀，有必要花那么大的精力教育吗？

曾教授在演讲中多次向听众提出一个问题：为什么曾教授演讲了一会儿，就要喝水？

绝大多数人是这样回答的：教授，您渴了，您累了，所以就要喝水了。

曾教授接着问听众：请问，曾教授不口渴、不太累，要不要喝水？

大多数人又回答：要啊！

对的！现代健康学知识告诉我们，一个人不要等到口渴了才喝水。当你感到口渴时才喝水，已经晚了。平时没事就要经常喝点水。

同样的道理，教育孩子也是一样的：不要等到孩子出了问题，成了问题孩子、孩子问题，我们才想到去教育孩子，这时，可能已经晚了。

而且，有时候家长认为自己的孩子没有问题，但是，孩子的问题可能已经悄然而至，那就会让家长处于很被动的局面之中。

所以，建议家长们不要让自己的孩子输在教育的起跑线上。

父母、家长必须担当起育子的责任！

轶事：据说当年慈禧的母亲七十大寿的时候，慈禧没有时间去参加母亲的大寿，就让侍臣给母亲送了很多的寿礼，同时，慈禧作了一首诗给母亲，并亲笔写成书法，裱好后送去了："世间爹妈情最真，泪血溶入儿女身。殚竭心力终为子，可怜天下父母心！"

箴言：爱其子而不教，犹为不爱也；教而不为善，犹为不教也！

《三字经》：养不教，父之过。教不严，师之惰。

育子要担当！

育子有时机！

育子有艺术！

育子有宝典！

同学会的发言

2007年，当年与曾教授一起在重庆大学上学的30位同班同学团聚，庆祝毕业25周年，在重庆大学松林坡招待所会议室座谈。

到场座谈的20多位同学，还有部分老师，人人都谈了感受。那时，曾教授是这样谈的：

人生有三大不幸：第一，有良师不拜不幸也；第二，有良友不交不幸也；第三，有良机不抓不幸也！

曾教授当时说了：我到了重庆大学上学，师从各位先生学习，我拜了各位良师，我幸甚！我与班上其他29位成为同窗好友，交了良友，我幸甚！读大学是我的人生梦想，也使我有机会在更高的平台上读书、学习、工作，我幸甚！

父母们、家长们，要抓住教育孩子的良机！

其实，机遇不等于命运，机遇不等于运气。

我们建议，不要去算命，特别是不要带着孩子去算命。

第一，算命先生是算不准的，命运的缰绳应该掌握在自己手里。

第二，如果带着孩子去算命，会从小给孩子产生特别不好的影响：产生宿命论！误信不是靠自己努力而为，而是靠命！

父母育子的担当，重要的是尽最大的努力掌握育子的方法、技巧和艺术。

方法可以很容易地就掌握了，但艺术的高境界是很难达到的。

教育孩子的一般性方法，有很多很多。通过上网"百度"搜索一下许多图书中有经验的介绍、好的讲座……很多育子的方法都呈现出来了。但是，教育孩子的艺术高地就很难到达，育子的艺术很难掌握。

教育孩子是一门最有成就感的艺术，是一门最能让人有幸福感的艺术，也是一门永远都有遗憾的艺术，更是一门完全可以掌握的艺术。

我们在研究、实践、体验、感悟、总结、参考专家的理论和实践，借鉴学者、一线老师的经验和成果，以及查阅网上有价值的资料的基础上，形成了本书，向家长们介绍育子的三件宝：言传、身教、境教，希望对家长们教育孩子有所帮助和启迪！

感谢我们借鉴了成果的各位专家！

感谢网上的一些无名作者！

感谢为儿女教育呕心沥血的天下父母们！

作 者

2016 年 7 月

目 录

CONTENTS

第三章
"三件宝"：境教是高招

第一章 "三件宝"：言传传得妙

言传，就是用言语讲解、传授，主要是沟通交流。

父母对孩子说的话，每天都有很多很多，不可能每句话都想到是要"教育孩子"，那样的话，孩子活得累，父母也活得很累，而且效果不一定好！

但是，在每个家庭中，父母的每一句话都可能是对孩子进行的有意无意的教育，父母言传要传得很巧妙，既要有有意识的言传教育，也要有无意识的言传教育。

一、言传很重要

在家风家教中、在孩子的成长过程中，言传非常重要。

1. 正确理解"言传不如身教"

第一，不等于说不要言传只要身教。它们之间不是非此即彼、二选其一的关系。

第二，身教不能替代言传、言教，它们的作用各有不同。

身教更多的是告诉孩子们应该这样做，但是，却无法告诉孩子为什么要这样做。

第三，有很多教育内容，只用身教的方式是无法完成的，特别是需要讲清道理的时候，包括孩子向父母提出许多问题的时候，包括父母向孩子讲故事、孩子向父母讲故事的时候。

第四，言传、言教可以提出更为明确的目的和具体的要求，而身教则更多是随意性的。

第五，言传与身教可以相互补充、相得益彰。

第六，在特定的情况下，言传可能重于身教。

第七，言传传些什么给孩子？应该是正能量的东西，应该是"忠厚传家久，诗书继世长"的东西。

父母的语言，伴随孩子成长，不可或缺，甚至有时的唠唠叨叨，也是不能没有的。

婴幼儿时，父母的声音，给予孩子一种安全感、幸福感、识别感，尽管这个时候孩子不一定能听懂父母说的什么，但其对孩子的身心健康、发育成长有好处。

为什么婴幼儿时听母亲的摇篮曲更容易入睡？

为什么对不会说话的孩子讲话，他会有很多表情显露？

有资料显示，孩子在婴幼儿时期，父母多给孩子说话，孩子的大脑发育可能更好，性格可能更为活泼，长大后语言的接受和表达能力可能更强一些。

孩子长大了一些后，他们对什么事都感到新鲜和好奇，他们可能没完没了地向父母提出很多问题，而且许多问题是稀奇古怪的，这个时候，作为父母，你要尽量给他一些语言性的回答，尽管可能有很多问题你也回答不上来。

孩子长得更大一些后，有的孩子在外面受了委屈，可能愿意向父母谈；有什么高兴的事，可能愿意与父母分享。因为父母平时与他们沟通惯了。

而且，随着年龄的增长，他们的知识面广了，有自己的一些看法了，甚至是主见了，于是，他们就某一些问题可能要与父母争辩、争论了。

孩子成长过程中，对世界、对社会、对一些人和事，包括对父母、对家庭，有自己的一些看法了，有的是对的，有的是不对的，有的可能甚至很错误，这个时候，父母就要与孩子进行沟通交流，既要肯定孩子的一些正确看法，也要与孩子一起讨论，讲一些道理给孩子听，有的则要进行必要的纠正。

另外，对父母的一些事情、秘密，对家庭里的一些事情、秘密，对与父母和家庭相关的一些事情和秘密，在可能的情况下，通过语言向孩子告知，让孩子有一定的知情权。

特别是父母与孩子有一些误会，甚至有了纠纷、矛盾时，通过必要的沟通交流，可以得到一定的转化、融化、消化、化解。

2. 言传的主要形式

父母对孩子的言传教育，主要形式是沟通交流。

为什么要与孩子进行必要的沟通交流？

因为有"沟"，就需要去"沟"！

前面这个"沟"，是一个名词，就是误会、纠纷、矛盾、冲突。

后面这个"沟"，则是"动词"，就是沟通、交流。

父母为什么会与孩子有"沟"？

父母与孩子有天然的"沟"：代沟。年龄不同，老一代和下一代的"沟"！

不是同一代的人，思想、情感、知识面和结构、需求、爱好、文化、习惯、"三观"（世界观、人生观、价值观）、思维方式、看问题的角度等，都不尽相同，对同一事物的看法、认识不一致，从而就产生了各种各样的"沟"。

加之，有不少父母因自身的原因，不会语言表达，话说得不好，对孩子的教育效果也就有很大的差别。

通过言传、沟通、交流，达到认识的一致性，最后是行为的一致性。

教授的演讲

据说，非洲的一个部落，比较落后贫穷。为了图强，为了发展，为了让部落人生活得更好，酋长作出了一个决定，要请某发达国家的一位知名教授来到部落作一天的演讲，主要讲部落如何更好地发展。恰好教授的长项就是作发展战略演讲。

机会难得，酋长让全部落所有成年人都到场听演讲，并提出了认真听演讲的要求。

发达国家的教授西装革履站上了讲台，他一看到下面几百名黑人听演讲，顿时吓得浑身发抖，大汗淋漓，语无伦次，最终晕倒过去。

演讲无法进行，听众一片哗然、不解！

众人把教授抬走了。

教授休息了一晚上，第二天又站上讲台进行演讲。当他一看到下面几百名听众，又吓得浑身发抖，大汗淋漓，语无伦次，最终晕倒过去。

演讲依然无法进行，听众又是一片哗然，更加不解！

众人又把教授抬下去休息。

晚上，酋长来到教授的住处，与教授沟通交流："教授，您演讲身经百战，为什么到我们这儿演讲，两天以来，您一站上台，一看到听众，就浑身发抖，大汗淋漓，语无伦次，两次都晕倒过去呢？"

教授当然就讲了个中原委。

原来主要是风俗习惯和文化上的差异。

第一天教授西装革履站上了讲台，他一看下面几百名黑人听众全部赤身裸体听他演讲，顿时就吓得浑身发抖，大汗淋漓，语无伦次，当然就晕倒过去。

休息了一晚上，为什么第二天又讲不下去，而且一见到台下的听众就吓得浑身发抖、大汗淋漓、语无伦次、晕倒过去呢？是因为教授一看下面的听众，全都西装革履，而教授自己却赤身裸体，教授还能不晕倒过去吗？

原来，第一天之所以台下的听众全部赤身裸体，是因为当地的风俗习惯在于欢迎最尊贵的客人，男女都要赤身裸体，哪怕你穿的三点式，都是对客人的不尊敬。但这样一来，却苦了教授，才有了他第一天站上台就吓得浑身发抖，大汗淋漓，语无伦次，晕倒过去。

第二天，台下的听众想，教授在第一天上台时都是西装革履的，那我们也要西装革履，于是全体西装革履听演讲。教授见到全部听众西装革履为什么仍然吓坏了、要晕倒呢？是因为这时教授自己赤身裸体。因为教授想，听众全部赤身裸体，那我不能穿西装演讲，我要入乡随俗，我也要赤身裸体。这不，又反了！

酋长了解到教授演讲不下去的原因后，与教授沟通交流道："教授，我们第三天一定要把这课讲完才行。我们统一一下吧，要么上下都西装革履，要么上下都赤身裸体，教授，您选择吧！"最终，教授选择了上下都西装革履。

于是，第三天的演讲非常成功。

有没有这回事，无法考究。它显然是作为笑话来登载的。但我们想一想，这种情况其实也是存在的。

有的人穿了衣服，但可能思想赤裸、情感赤裸、信息赤裸，很容易与人产生误会、矛盾，这就需要进行必要的沟通，予以消除。

其实，父母与孩子之间，也可能产生类似的"沟"，这就需要父母与孩子进行很好的沟通。

这种言传性的沟通交流，主要目的还在于与孩子在很多方面达成共识。即所谓"沟通者，沟同也"。

通，通"同"。认同、共同、共识、共鸣。

在孩子成长的过程中，孩子保持一定的独立自主性当然很好，会有创新创造的潜质和精神；但是，孩子从小到大，也需要与父母形成更多的共识，特别是当他们在成长的过程中，经历、学历、阅历、履历都不够时，父母用共识性的东西去影响孩子，特别有利于孩子的成长。

在许多情况下，特别是当孩子年龄增长了，知识多了，自主性强了，父母说的东西，哪怕都是正确的，孩子不一定认同，况且父母说的东西，还不一定都是正确的。于是，父母与孩子的沟通交流，不一定都强求相同一致，可以和而不同，可以求同存异。

而且，父母与孩子进行言传性的沟通交流，把许多做人的道理、知识性的东西传递给孩子，这也是为什么说"父母是孩子的第一位老师，也是孩子的终身老师"的道理。

父母与孩子进行言传，进行沟通交流，也可以在很大程度上避免孩子的自闭和抑郁。

当今社会，有自闭症和抑郁症的孩子不少，而且逐年呈上升的趋势。主要的表现就是孩子性格、情绪"过冷"，把"心门"给关起来，不愿意与他人交流沟通，包括有什么事也不愿意与父母讲，自己把自己给封闭起来。

这种情况虽然原因千差万别，但共同的原因之一还是与人沟通交流少了。

所以，在孩子很小的时候，父母就要多与其进行语言性的沟通交流。

许多心理医生对患者，包括自闭症和抑郁症患者进行的重要治疗，就是与患者多说话，启发、引导患者多说话，就是所谓的"话聊""话疗"，实践证明效果是很显著的。

要让孩子从小就有一定的语言表达能力，有一定的与别人沟通交流能力，父母与孩子经常性的沟通交流，是很有必要的。

而且，言传也好，沟通交流也行，都是双向的、多向的。父母对孩子的言传，其实孩子也在对父母进行言传。他传递的许多信息，有的方面可能教会了爸爸妈妈许多东西，比如纯真、诚实、天真无邪等；因此沟通交流也是双向的，孩子也在与父母进行沟通交流。

只要这种父母与孩子、孩子与父母的双向言传、双向沟通交流经常进行，变成一种习惯了，孩子对外的言传能力、沟通交流能力也会得到提升。

前面讲了，"因为有沟，就需要进行沟"。如果没有"沟"呢？还需要"沟"吗？

回答是肯定的！

这就如同我们喝水。

一个人，他为什么要喝水？一般说来，是因为他口渴了，渴求渴望喝水。

但是，有人问了，一定要等到口渴了才喝水吗？不口渴的时候要不要喝水？

现代健康学知识告诉我们，不要等到口渴了才喝水。当你感到口渴了喝水时，其实已经晚了。平时没有口渴时，就要经常喝点水。

同样的道理，与别人沟通交流，与孩子的言传、沟通、交流也不要只是因为有"沟"、有误会、矛盾才去做，那样的话，很多情况下，已经晚了。

也就是说，**没有"沟"，也需要"沟"**，也需要对孩子进行言传性的沟通交流，这样做有什么好处？

第一，可以增进感情。人们常说，平时不烧香，临时抱佛脚，那是不灵验的。平时与别人沟通交流、与自己的孩子交流多了，可以增进父子、母子的感情，增强家庭的和谐度。

第二，可以防患于未然。通过言传，让孩子知道什么事情是能做的，什么事情是不能做的，而且让父母更多更好地了解孩子，在一些不好的事情发生之前，就尽可能地避免。

第三，可以增进了解。了解孩子的方式很多，听其言、观其行，特别是多观察孩子的言行很重要。但是，多与孩子沟通交流，可以知道孩子的一些真实想法，掌握孩子的一些思想和动态，从而更有利于孩子的成长，更有利于对孩子进行针对性的教育，进行更有效的"言传"。

二、言传有技巧

一句话把人说笑起来，一句话把人说跳起来。父母对孩子进行言传言教，要讲究方法、技巧与艺术。

1. 勤与孩子沟通

当父母的人，你再忙，一定要抽出时间来与孩子进行沟通交流。很多"问题孩子"，就是因为父母的一个"忙"字给误了的。

忙什么？忙工作、忙事业、忙应酬、忙麻将、忙斗地主，就是不愿意在孩子身上多忙一些，这样的人为数不少！

箴言：任何人，事业再成功，也弥补不了对孩子教育的失败。**教育孩子本身就是一种事业，甚至是比事业更事业的事业。**

与孩子尽量沟通交流，这是父母育子的第一要务，是父母的责任！

兴趣可以转移，责任不能推卸！

由于勤与孩子沟通交流，才可能认识自己的孩子，包括生理、心理、情绪、情感，包括孩子身体和心理的一些变化，从而不至于孩子发生了重大变化，父母浑然不知，感到那么突然。

由于勤与孩子沟通交流，也让孩子更为了解自己的父母，与父母不会生分，与父母的感情更深切，孩子遇到什么事情、什么困难、什么疑惑，愿意向爸爸妈妈敞开心扉。

勤与孩子沟通交流，"勤"在哪里？

第一，勤在发自内心，出自情愿自愿。不是包袱，不是任务，不是不得已，不是一种麻烦，而是一种责任，是一种乐趣，是一种当父母的幸福。

第二，勤在时间要有所保证。我们建议，最好每天都要安排出时间与孩子进行沟通交流。具体时间，可视孩子年龄大小而定，在可能的情况下，一般不要低于半小时。

第三，勤在内容要有所准备。辅导作业除外，可包括给孩子讲故事，给孩子唱歌，邀请孩子讲故事，认真听孩子讲故事，听孩子唱歌。与孩子一起讨论某本书、某件事、某故事的内容、情节、体会、趣味等。

第四，勤在动员家庭的其他成员与孩子一起沟通交流，形成一种良好的氛围。

第五，勤在不觉得苦累，哪怕短期内见不到多少成效，但仍然一如既往地坚持。

第六，勤在进行真正的沟通。不要见面就指责、批评，那不是真正的沟通。

一位父亲是美国一个超级市场的老板，他与儿子之间的谈话基本上是批评，儿子也不愿意与父亲沟通。

后来，儿子负责主管其中一家超市。

有一天，父亲去儿子店里视察时，发现这家店竟然在儿子的手中扭亏为盈，越来越多的顾客喜欢到这家店来买东西，也很喜欢他的儿子。

父亲非常佩服儿子的能力，把他叫到一边，说："你做得太好了，没有人比你更能招徕这么多的顾客！"

没想到，高大的儿子听了父亲的称赞后，竟然流下了眼泪，他对父亲说："爸爸，您从来没有称赞过我，我很高兴您对我有这样的评价。"

后来，这位父亲对别人说："这是儿子长大后，我与他第一次真正的沟通。"这是一种欣赏性的、鼓励性的沟通，它恰恰才是真正的沟通。

小时候

长大后

2. 消除沟通位差

如同我们作领导力演讲时谈到的，领导与部下之间就有"位差"，即地位的差别。

领导有职务、有地位、有权力，部下对领导总是仰视，而领导可能对部下是俯视。

这种位差，使领导与部下沟通起来很难，甚至部下怕领导，领导可能就听不到部下的真话。

许多领导，人们把他们叫"父母官"。

作为孩子的父母，与孩子之间也是有位差的。也是仰视与俯视，儿女也是怕自己父母的。

这种位差，也决定了父母与孩子进行言传教育、沟通交流时，父母可能更多是强制，儿女更多是顺从（有时是口服心不服、被迫服从），从而使言传的效果大打折扣。

领导与部下、父母与孩子的位差又是客观存在的，不可能根本性地消除。但是，父母要使得与孩子的沟通交流更有成效，又必须消除位差，这不是一个悖论吗？

我们有一些具体建议：

第一，从形式上消除位差。

比如，与孩子在一个平台上沟通交流。有的父母是自己蹲下，或者是把孩子放到一个更高一点的地方，尽量与孩子不处于仰视或俯视状态，让自己的眼睛与孩子的尽可能地处在一个视平线上。至少，给人的感觉是与孩子平起平坐的。

第二，在称谓上消除位差。

有的父母直接亲切地称"儿子""女儿"，也有的是称"亲爱的"，还有的是叫儿女的乳名，有的则加一个"子"字，比如儿子叫张经，就叫他经子；女儿叫马娟，就叫她娟子。还有的父母与儿女互称哥们儿、姐们儿，这种亲昵程度，在国外要常见一些。这样一来，沟通起来障碍就少得多了。

第三，从心灵上消除位差。

用真心真情与孩子进行沟通交流，让孩子感到自己的爸爸妈妈说的是真诚的东西，从而使孩子与爸爸妈妈心灵上接近，有亲切感。亲近而不是敬而远之；心灵上消除位差，没有隔阂，是最为重要的，是根本的。

父母与儿女沟通交流，是否消除位差，效果大不相同；是否已经消除了位差，也是很容易察觉出来的，其中，最主要的是儿女愿不愿意与父母沟通交流，你的言传他是否愿意听下去，听了你的言传后，儿女在行为上有没有一些变化。

有位教育名家曾经说过：**"多蹲下来听孩子说话，你看到的将是一个纯真无邪的世界。"**也就是说，父母只有放下成人的架子，才能真正了解孩子的心理和需求，也才能真正了解孩子的内心世界。

3. 走进孩子的世界

父母与孩子的言传要成功，沟通要有成效，交流要有佳绩，不仅仅是了解、理解孩子的内心世界，还要走进孩子的世界，特别是要走进孩子的内心世界。

想一想，如果父母与孩子是两个世界的人，不能"穿越"到孩子的世界里去，怎么可能产生沟通的共鸣？

在我们身边，有很多父母经常会有这样的抱怨："我的孩子什么事情都不愿和我们讲。""我们的孩子什么话都听不进去！"

而孩子却诉苦说："爸爸妈妈不理解我的需要，他们想对我说的时候就说个没完，可是我想说的时候，他们却心不在焉。"

在家庭教育的过程中，这种情况是非常普遍的。

其实，在孩子的内心世界里，有许多事情、感受和小秘密，他们很希望爸爸妈妈能真正走进他们的内心，了解他们小世界里的所有欢乐和烦忧。当父母对他们的小世界漠不关心的时候，孩子就会很失望，甚至表现出一些问题行为。

父母要了解孩子的世界里面有什么东西，不要把自己世界的东西全部想象具体化成孩子们的世界里面的东西。

否则，父母很容易患"强迫症"。

父母怎样走进孩子的世界与孩子沟通交流？

第一，转换角色，让自己成为孩子。

因为你是父母，他是孩子，这当然就是两个世界的人了。

当父母的，不妨把自己扮演成孩子，抛开大人、父母的身份，回到童年时代，**把自己变成孩子，让自己拥有一颗童心**，让自己有一点童真、童趣，成为"老天真、老顽童"，甚至犯点小错误。当你混迹于孩子行列、队伍后，孩子们就愿意与你真正地交朋友，说真话，掏心窝。

比如，在与孩子做游戏时，妈妈也可以扮演白雪公主；爸爸、爷爷也可以扮演小矮人。

有一位朋友，他的孙女 3 岁多了，全家做游戏时，经常都要听从孙女的安排调遣，都要在孙女的游戏中服从指挥地扮演角色。

进入孩子的"圈子"，与孩子做朋友，把自己当成孩子的一个小伙伴。

这是"形"的进入孩子的世界，这是你接纳孩子的第一步，由此也能让孩子从形式上接纳你。

第二，进入孩子的心灵世界。

这是"神"的进入孩子的世界，它可能更难。

沟通是从心开始的。

父母要进入孩子的心灵世界。

父母先要与孩子亲密而又平等和谐地相处。

要多与孩子接触，让孩子与父母没有心灵上的距离，日久情深。

要多了解孩子，了解得越多、越深，与孩子的感情可能就越厚、越真。

要与孩子交换看法、想法和做法，交换的结果，就会换位思考怎样去做。

要与孩子交心。当孩子与父母交心时说了一些真话，可能是错误的、幼稚的，父母不要责怪他，否则，下次孩子就不愿意说真话了，父母也就不可能走进孩子的心灵世界了。

4. 多用商量口吻

沟通交流性的言传，与儿女是在一个平台上，不能用命令的口气，不能强迫、强制、强硬，不是下指示。

我们在演讲"沟通协调"时讲到了沟通不成功的主要原因：

高高在上、自以为是、偏见（比无知更糟糕）、不善于倾听、询问不当、缺乏反馈、编码不当、解码有误、缺乏信任、缺乏技巧、缺乏信息或知识、时间不够、不良情绪、不理解他人需求、存在差距（各种差异，特别是一些"沟"）、环境不佳、氛围不好等。

上述这些原因，主要是针对成人沟通交流而言的，其实与自己的孩子沟通交流也是如此。

我们有一些具体建议：

第一，商量而不命令。

商量与命令不同。命令是必须执行的，必须照着办的，没有回旋余地的，命令式言传："我是你老子，你是我儿子，你必须听我的，你就得这么做，不然我就揍你！"这样的言传，不是有效的沟通交流，有时效果会相反！

用商量的口气就不同，不命令，不强迫，孩子可以同意父母的，也可以不同意父母的。

父母最好是把这个问题的利弊为孩子分析得透一些，可能有哪些结果，让儿女自己选择结果。这种商量，同样的一件事情，儿女可能更容易接受，沟通更成功，言传的效果更佳。

第二，建议而不强迫。

有人说，现在不少人得了强迫症，包括许多父母。自己认为好的，总想别人也接受，别人也这样做。其实，父母认为好的，儿女不一定认为就是好的；就算这种想法、这种做法、这个东西的确是很好的，但是，儿女有自己的思想、观点、思维方式和审美情趣，父母强迫强求的结果，看似在爱孩子，看似轰轰烈烈的言传，看似儿女唯唯诺诺，其实可能暗流涌动。

所以，父母对自己的孩子，多一点建议为好。

建议，就是建设性的意见。

由于是建设性的，让人听起来顺耳，让人容易接受，让人不易产生反感，让人听得进去。所以，父母要多用建议的方式与儿女沟通交流，一些带有强制性的、命令式的、说教式的东西，一旦换成建议的方式，效果就大不一样了。

第三，允许孩子讨价还价。

既然是商量、是建议，就不应该是一个结果，就可能有其他的方案和选择。

所以，父母可以允许孩子在一些非重大原则性的问题上有讨价还价的言行，有自由的见解，更何况父母的看法和决定也不一定都是正确的。

5.以尊重为要务

俗话说，敬人者，人恒敬之。这里的"人"，当然包括自己的儿女。

不尊重孩子的父母，也不会真正得到孩子的尊重，父母对孩子的教育也很难收到好的效果。

自己的儿女，哪怕很小，他们也是人，他们总希望引人注意，让人们知道他们的存在。所以，父母在与孩子沟通交流时，要尽量尊重孩子。

前面讲到的勤与孩子沟通交流，这是对孩子的一种尊重；用商量的口吻与孩子进行沟通交流，也是对孩子的一种尊重；对孩子不强迫强制，而是提出一些建议，当然也是对孩子的尊重。

除此之外，我们建议，在言传中对孩子的尊重，还要注意几个方面：

第一，把孩子当人看待。

这个话题听起来好笑，其实就是如此。

因为有的父母是把儿女当理想、当标准、当玩偶、当自己未竟事业的代理人。

孩子再小也是人，是一个小大人。许多孩子很不喜欢爸爸妈妈总把自己当小孩子，认为自己已经长大了，有知情权、有参与权了，这时的爸爸妈妈，既不要忽视孩子的存在，更是要把他们当人、当小大人。

父母呵斥孩子

一个家庭里，夫妻二人谈话，儿子总想上来听，夫妻二人总是对孩子说："去去去，小孩子家家的，听什么听？知道那么多干吗？"

孩子长大些了，夫妻俩商量家庭的一些生活事情，一些工作上的事情，一些与朋友处理关系的问题，孩子上来插嘴了，爸爸妈妈又对孩子说："去去去，小屁孩子一个，你懂得什么？"

久而久之，孩子对家庭里面的事情冷漠，孩子动不动用的语言是："你们这个家怎么怎么""你们当父母的怎样怎样"，这"你们"两个字听起来很是生分，很是隔外，好像他不是这个家里的一员似的。

这种不尊重孩子的结果，使孩子可能也不尊重父母，不珍惜这个家庭。

不妨把孩子当"小大人"，无须保密、不伤害孩子的一些家里的事，也可以让孩子听一听，甚至一些无关紧要的事，也可听听孩子的意见，让他们知晓知情，甚至参与。孩子提的意见建议可能幼稚可笑，但是，听取孩子的意见、建议，本身就是对孩子的一种尊重，如果真能吸收一些，当然就更好了。

尊重孩子，还要把儿女当"小大人"。孩子虽然年龄渐长、身材变高，但他们毕竟还是小孩子，不要用成人、大人的标准要求孩子都能与我们正常沟通交流，都能理解、领会我们言传给他的所有东西。

第二，尊重孩子的人格尊严。

孩子再小，也是有人格尊严的。忽视了孩子应有的人格尊严，就忽视了孩子灵魂和精神的存在，不要只把孩子当玩偶、虚拟的孩子，甚至是可有可无的孩子。

如果忽视甚至伤害了孩子的人格与尊严，可能就很伤孩子的心，可能打击了孩子的自尊心、自信心，还可能影响孩子一辈子的成长。

父母怎样尊重孩子？

尊重孩子最重要的是两个字：公平。

如前所述，与孩子沟通交流时消除位差、商量、建议，把他们当小大人、大小人，是尊重、公平；让孩子有一定的知情权、参与权是尊重、公平；让孩子发表一些意见，是尊重、公平。

尊重一个人就是要尊重他的权利与义务。比如，孩子能做的事，就尽量让他自己去做，培养他的"小大人"意识，不要总是暗示他还小。要让孩子知道在这个家他有哪些权利，享有这些权利的同时，他还要付出哪些义务、担当哪些责任。

父母在与孩子聊天时，多向孩子灌输这样的意识：**我们是平等的，我们不仅仅是父子、母女，我们还是朋友、是好朋友。**

第三，尊重孩子的每一个选择。

每个人都希望得到别人的尊重，孩子也不例外，有的时候孩子选择的事物可能大人难以接受，但是，请尊重孩子的选择，这样，孩子才会觉得大人是真的理解他们，得到尊重的孩子也同样会去尊重大人。

尊重孩子的选择，不是一味迁就，也不是无边无际，也有底线、红线。比如"黄赌毒"，就不能让孩子选择，也无所谓尊重不尊重了。但可以告诉孩子一些道理，为什么不能选择"黄赌毒"，包括一些合理的选择、不太合理的选择，把利弊告诉孩子，让孩子重新选择。

第四，要尊重孩子的隐私。

再小的小孩，都有一定的隐私，孩子的隐私权是天生的，**"没有隐私的孩子是长不大的"**，这句话很有道理。

孩子虽然是父母创造出来的，但孩子仍然是不同于父母的、独立的个体。因此，父母要想走进孩子的小世界，必须与孩子真心交流沟通，父母的言传他才能够听得进去。

第五，要尊重孩子的自由。

孩子之所以是孩子，就因为他的自由度通常都比大人更大更广。他有自由的想象、自由的意愿，想说就说，想笑就笑，想哭就哭，童言无忌。父母充分尊重孩子，就要给孩子一片自由的空间。

第六，父母要尊重孩子的一些言行。

父母在很多时候都会抱怨，责怪孩子不听话，不好沟通，言传传不了，没规矩。我们忽略了一个问题，是不是也要反省一下父母自己，有没有不尊重孩子的情况，比如：

不重视孩子的看法和观点；没有耐心倾听孩子要对自己说的事；漠视孩子的需要；忘了履行自己的诺言。

用不耐烦口吻回答孩子的提问；忽略了孩子的情感；冷落孩子。

自己心里有事，借骂孩子来出气；对孩子大声嚷嚷；不给孩子机会解释。

打断孩子间的交谈；为赶时间而中断孩子正在进行的活动。

虽花了时间和孩子在一起玩，但却没有投入感情；举止显得很不耐烦；挖苦嘲笑孩子。

与孩子沟通讲话时，父母的目光应该坦然接触孩子的目光，不要游离。在孩子说话的时候，你要用你的目光去接触孩子的眼睛，让孩子感觉你很在意他的讲话，这样孩子的说话欲望就很强烈。

不要轻易打断孩子说话，更不要总是指出孩子发音有错误，因为这样会使孩子的思路被打断。

多给孩子解释的机会，家长不要用自己的想法来左右孩子，虽然有时候孩子的想法在大人看来很幼稚。

多用鼓励性的语言。特别是性格内向的孩子，家长更应该鼓励他们多说话，并给予一定程度的表扬，增加他们的自信心。

特别是要认真倾听孩子讲话，哪怕孩子说得没有太多的道理。

优秀的言传，父母应该是"伏尔泰主义者"：**"我不同意你的观点，但我誓死捍卫你说话的权利"**。从孩子出生那天父母就开始跟孩子讲道理，耐心地征求孩子的意见。不要指望打骂孩子就能让孩子学会服从。杀鸡给猴看的结果是：猴子也学会了杀鸡。

6. 从感兴趣的话题说起

与孩子沟通，不能太理性，感性的成分应该多一些。包括言传的大道理多了，孩子也会反感。

当孩子长大以后，理性的东西可以多一些，但理性也更应该注意其趣味性。

最好的方法之一，就是从孩子感兴趣的话题说起，然后再绕到你需要说的话题。

这一点，与成人的沟通很相似。

所谓"话不投机半句多"，就是这个道理。

要从孩子感兴趣的话题谈起，比如，孩子喜欢足球，父母如果想要与孩子谈学习的事，这时，可以先与孩子谈一些足球方面的事，然后再谈学习的事。当然，这就要求父母多了解一些孩子对哪些方面感兴趣，自己也要在这些方面知道一些东西，培养自己在这些方面的兴趣，这样，与孩子才有一些共同语言，完全没有共同语言，很难沟通成功。

有的父母为了和孩子有共同语言，陪同孩子把小学到高中的课本又读了一遍，直到把孩子送进了大学校门。

有的父母和孩子一起学画、学琴、学书法、学武术，一起练习体育项目，这样一来，父母成了几乎样样都会的杂家、全才、万事通。

五星级酒店的营销沟通

曾几何时，某些星级较高的酒店采取了让一些人成为会员的营销方式。

曾教授曾多次接过这样的电话，并有这样的对话：

"曾总，您好！"一个女孩的声音。

心里"咯吱"一声：我怎么成了曾总呢。

"我是某某五星级酒店营销部的小张，我们希望您成为我们的会员，如果成为会员，将有很多好处。"于是这位小张不容我插话，一直不停地说她那家酒店的好处。

曾教授说："我没有兴趣！"

女孩又说："曾总，您怎么可能没有兴趣呢？住店打折很多的。"

曾教授说："我自己不会掏钱住五星级酒店的（因为外出演讲都是邀请方出钱）。"

女孩又说："曾总，那您和您的家人旅游总要住店吧。"

曾教授说："我和我家人旅游是不会住五星级酒店的（那么贵，我们工薪阶层住得起吗）！"

女孩还接着说："那你们总要订餐、购机票吧，打折很多的。"

曾教授对小女孩讲："小妹妹，你好像没有经过正规的客户沟通培训吧？"

女孩说："经过培训的，我还有培训证书。"

曾教授又说了："小妹妹，我今天免费教你几招。第一，客户沟通要知己知彼，才有针对性。你一口一个曾总，连我的身份都没有弄清楚，怎么沟通成功？"

她说："您不是老总，那您是？"

曾教授说："我是重庆大学的老师，与老师的沟通和与老总的沟通是不同的。而且，要从对方感兴趣的话题说起。你的五星酒店优惠再好，我没有兴趣，你怎么沟通成功？要从对方感兴趣的话题说起，再转到会员上来吧！"

小女孩说："我怎么知道您感兴趣的话题是什么？"

曾教授说："你'百度'一下呀！一看，哦，上过两次央视'百家讲坛'的曾国平，怎么沟通？曾教授，我是您的粉丝啊！我一听说是粉丝，当然就感兴趣了！再大的大腕，对粉丝都要毕恭毕敬的。更何况我还不是腕！我可能要问：你怎么成为我的粉丝的？你就说：教授，您在'百家讲坛'的演讲，'智商与情商'，我看了，教授您讲的高个子与矮个子扔稻草，讲得太好了。于是，接着就把我讲的扔稻草的故事详细地给我讲一遍，根本不用说会员问题。这样，我对你可能就有好感了。"

"小姑娘，你接着说，教授，我好想经常听您演讲、教导哦，但是没有机会。如果您成为我们的会员，我就可以经常听您的演讲、教导了。"

"我可能会说，'成为你们的会员有什么好处吗？'"

"这时你才把成为会员的好处一一说出来。"

"我也许会说：'既然你是我的粉丝，又想经常听我演讲，成为会员还有这么多好处，那我就成为你们的会员吧！'"

可惜呀，希望曾教授成为五星级酒店会员的电话沟通很多，但一个都没有像这样从对方感兴趣的话题说起的例子。

同样的，父母与孩子的沟通交流，言传点什么东西给孩子，也必须从孩子感兴趣的话题说起。

这就要求当父母的，一是要与孩子接触；二是要多观察孩子；三是要多了解孩子。

特别是要尽量知道孩子的兴趣有哪些，虽然孩子的兴趣很多，而且会变化，甚至有时变化得很快，但是，从孩子感兴趣的话题说起进行沟通交流，进行言传，是一条永远都正确的道理，是一个最好使的言传方法。

比如，孩子喜欢乒乓球，父母如果想要与孩子谈学习的事，这时，父母可以先与孩子谈一些乒乓球方面的事，然后再谈学习的事。

当然，父母既要多了解一些孩子对哪些方面感兴趣，而且也要在这些方面知道一些东西，培养父母自己在这些方面的兴趣，这样，与孩子才有一些共同语言，完全没有共同语言，很难沟通成功。

与玩游戏上瘾的孩子沟通

某女士向我们倾诉，她的儿子玩电子游戏上瘾，学习成绩直线下降。

父母对孩子理也讲了，骂也骂了，打也打了，但没有什么效果。于是问我们："怎么与孩子沟通？""给我们支点招吧！"

我们对她提的建议是："陪孩子打游戏，并迅速把你们玩游戏的水平提高，还要恶补关于电子游戏的知识。"

这位女士一脸茫然："这不是火上浇油吗？"

我们对她讲："孩子打电子游戏的兴趣太大，常规的沟通交流已经不行，可以试一试这种办法。"

孩子一看妈妈也陪我打电子游戏，先是奇怪，接着是来劲儿了。

孩子一看我爸爸妈妈玩电子游戏的水平不低呀，理论上还比我强啊，佩服父母了。

父母在陪孩子玩电子游戏过程中，与孩子沟通，让孩子少玩，不影响身体和学习，这样孩子才听得进去，因为大家先有了共同语言，父母也通过陪孩子玩电子游戏而进入了孩子的世界。

据说，有一个姓马的知名企业家，他的夫人对孩子玩游戏的沟通方法是，拿一大把钱，让孩子去玩它个三天三夜不要回家。孩子真的去玩游戏三天不回家了。爸爸妈妈也不去叫他回来。结果，不到三天，孩子非常非常疲惫地回到家，又累又困又饿，回到家里，二话不说，倒头就睡，睡了很长时间，醒来后，打游戏的瘾基本上没有了。

有人建议，当你陪孩子一直玩电子游戏时，玩久了，孩子说："妈妈我饿了，我要吃饭。"妈妈说："别别别，我还没有玩够，我们继续玩。"孩子一直要求吃饭，父母一直要求继续玩。相持一段时间后，父母肯定要给孩子吃饭，这时，再给孩子讲玩电子游戏影响吃饭、影响身体、影响学习的道理，孩子可能容易听得进去了。

而且，今后孩子一玩电子游戏，妈妈就主动上去陪孩子玩，孩子可能怕了，怕又吃不了饭，这样，玩电子游戏的瘾就可能小一些了。

这种有些极端的做法并不太妥当，但有的家长用了后，也有一定的效果。

7. 以同理心取胜

同理心，又称为换位思考、神入、共情，是指站在对方立场设身处地思考的一种方式。

在人际交往过程中，能够体会他人的情绪和想法、理解他人的立场和感受，并站在他人的角度思考和处理问题。

同理心主要体现在情绪自控、换位思考、倾听能力以及表达尊重等与情商相关的方面。

同理心是个心理学概念。用在与孩子的沟通交流、言传中，是很有效的。

特别是父母与孩子有天生的位差、代沟，还可能在兴趣爱好方面有很大差距，有时候有误会，如果用同理心与孩子进行言传、处理关系，成功取胜的概率大大增加。

当父母的，要想真正了解孩子，就要学会站在孩子的角度来看问题，也就是人们在日常生活中经常提到的设身处地、将心比心的做法。如果父母能尽量了解并重视孩子的想法，就比较容易找到与孩子沟通交流成功的方法。

尤其在与孩子发生误会误解甚至是与大孩子发生矛盾冲突时，父母如果能够把自己放低一点，把自己放在孩子的处境中想一想，也许就可以了解孩子的立场和初衷，进而求同存异、消除误会。

回想一下我们当年当孩子的时候，不也是这样的吗？当时我们的爸爸妈妈没有理解我们，我们不是也有一些"恨"他们吗？

其实同理心并不是什么新的想法。早在两千多年前的孔子就说过："己所不欲，勿施于人。"

这就是同理心所说的，要做到"推己及人"。

一方面自己不喜欢或不愿意接受的东西千万不要强加给孩子；另一方面，应该根据自己的喜好推及孩子喜好的东西或愿意接受的事情，并尽量与孩子分享这些事物和事情。父母千万不要犯当下最流行的"强迫症"！

西方文化同样也有强调和推崇同理心的传统，基督教中的"黄金法则"说："你们愿意别人怎样对你们，你们也要怎样待人。"这就是同理心原则的体现。

在与孩子的交往中，也存在**"人同此心，心同此理"**。

特别是与12岁后的孩子沟通交流，他们有主见、有思想、有可能偏执偏激偏见，有可能产生逆反心理，这时，父母能够多用"同理心"的方法与其进行沟通交流，就显得特别重要。

具体做法的建议：

第一，多用"我理解"三个字。父母与孩子沟通不成功，往往就是不理解孩子；孩子也往往抱怨父母不理解我们当孩子的，孩子在"沟"那边，父母在"沟"这边，一句"我理解"，就让自己跑到孩子的"沟"那边，或者是把孩子拉到"沟"这边来了，就没有"沟"了，或者是"沟"变窄了，"沟"变浅了。"我理解"是与孩子沟通的最具威力的法宝。

第二，多关心、多体贴、多信任、多倾听、多赞赏、多鼓励、多谅解、多尊重、多商量、多宽容、多扶持；少猜忌、少强迫、少指责、少抱怨、少埋怨、少责怪、少嘲笑、少讥讽。

第三，尽量换位思考。这是每一位父母都应该学会并采用的方式。不能用大人的标准去要求孩子。想一想，我们自己像孩子这么大的时候，可能做得还不如孩子做得好，真正地把自己当成孩子去思考孩子的思维模式，是走进孩子内心世界的唯一途径，真正站在孩子角度的谈话、言传，才能让孩子信服。

8. 以信息为中心

父母和孩子要双向沟通、双向交流、双向言传。

传什么？思想、情感和信息。

这三个方面，是交叉重叠的，哪一个传递起来更容易？

信息！

思想、情感和信息，都要通过信息来传递。

一般来讲，信息可以是中性的，也可能带有很强的思想性和感情色彩。

西方有的国家，政治思想和意识形态方面实际上是很厉害的，但是，他们不是每句话都说"资本主义如何如何好"，他们把一些意识形态的东西，放在一些看来没有思想政治的数字、事例中，不显山不露水、潜移默化地影响人。他们的意识形态我们不接受，但是，他们的这一套教育影响人的方法、一些沟通的方法，我们是可以借鉴的。

所以，在与孩子的沟通中，每句话都是大道理、中道理、小道理，苦口婆心，费神费力，作用到底有多大？

在沟通中，父母对孩子讲了很多很多，传了很多很多，孩子到底接受了多少，理解了多少，做到了多少，却令人怀疑。

从信息传递的角度来说，信息传递是否有效，不是以发出多少信息为指标，而是以接收信息的人接收多少为标准。

于是，许多父母采用的是与孩子做游戏、讲故事、平等地讨论问题、商量一些事情，甚至是向孩子请教一些事的方式来与孩子沟通。而这样沟通，主要是以"信息"为中心展开的。

父母要注意向孩子很好地发送信息，还要注意很好地倾听孩子发出的信息，并对孩子发出的信息进行有效的反馈，注重语言和非语言的方式与孩子进行信息沟通。

第一，发送信息的时间、地点、内容要讲究方法和技巧。

比如，在全家人共进晚餐时，比较适合说一些大家都感到高兴的事、一些大家感到新奇的见闻等。这样的信息，有助于食欲，有宜于消化，有利于父母和孩子的身心健康。相反，在进餐时，就不宜传递一些大家都不高兴的信息，特别不要在这时批评孩子和打骂孩子。

表面看起来这时传递批评性的信息孩子可能更能记住，效果更好，其实不然，可能负面的效果更大，对孩子的身心健康没有好处，可能搞得父母和孩子都不高兴，饭也吃不好，沟通也不一定能成功。

比如，当着众人的面发布一些批评孩子、数落孩子的信息，"堂前训子"，也不是好时机，这样的结果是很伤孩子的自尊心，很伤孩子的面子，孩子可能口头上应允的多，心里面很是不高兴；相反，在众人面前多表扬孩子，而把批评孩子的时机选在私底下，给孩子面子，这样，沟通的效果会好得多。

还可以利用节假日、孩子的生日等时间，给孩子寄一封明信片，寄到家里、寄到孩子的学校里都可以，虽然可以直接给孩子，但是，提前几天寄给孩子，写几句祝福和鼓励的话，孩子收到信后，不知道有多高兴，甚至会一直珍藏起来。在学校，他甚至会骄傲地向别的孩子展示。

如果孩子有手机，还可以向孩子发短信传递信息，表示某种问候、祝福和鼓励，或者建议。给孩子发送信息，无论是哪一种形式，无论是哪一种时机，内容都要注意，要精心准备。

从信息论的角度讲，信息有一个编码、递码、解码的过程。父母要精心编码，孩子才可能悉心解码，才会领会父母的良苦用心，达到沟通成功的效果。

我们在节假日会发给许多朋友一些问候的短信，也会收到许多朋友发给我的问候短信，这是很有必要的。

人与人之间，不仅仅是有了"沟"（差异、纠纷、矛盾、冲突）才去沟通，实际上，平时进行沟通，能增进感情，增进了解，增进友谊，对形成良好的人与人之间的和谐关系很有好处。

但是，如果传递的信息内容不好，虽然主观愿望是良好沟通，但沟通的效果也不好。比如，一些朋友发出的问候短信，后面不落人名，大多数情况下不知道是谁问候的，有人比喻为"漆黑的、伸手不见五指的夜晚向情人眨眼送秋波，一点作用也没有"；更有甚者，有的人转发了别人的问候短信，人家的姓名都没有改一下，就原版地发了过来，看了让人哭笑不得。

不要认为是自己的孩子，没有什么了不起，随便发点什么信息就行了，这不是尊重自己孩子的行为，沟通的效果会大打折扣。

我们提倡直接给孩子用文字性的形式写信，并通过邮局寄，写一些用手机不能替代的内容。

第二，倾听孩子信息的方法。

有人讲，倾听是沟通的第一方法、第一技巧、第一艺术。

苏格拉底说：**"上帝给我们两只耳朵，一个嘴巴，就是让我们用两倍于说的时间去听。"**

有人说：站起来讲话需要勇气，坐下来倾听同样需要勇气。父母与孩子的沟通也是如此。

倾听，就是父母在孩子向你发出信息时，接收孩子的信息，它可以帮助父母了解孩子，防止主观误差、误会；能够发现孩子的长处、短处；能够在对孩子进行教育中处于主动地位；能够显示父母对孩子的尊重、信任和诚意；能够听懂孩子观点、总结孩子的观点，并迅速想出一些回答孩子的问题、解决孩子提出的问题的对策。

对有一定心理障碍的孩子，父母要耐心地听孩子讲述，这是一种很好的消除心理障碍的方法；有的孩子受到了委屈，向父母倾诉，既是一种精神的寄托，也是一种情绪情感的依恋，更是一种无助后的求助。

听、倾听，是父母与孩子非常重要的沟通方式。父母在与孩子的沟通中，不仅仅只是听了而已，更重要的是要学会听与倾听，"学会听话"。

听与倾听是不同的。

听，只是让声波随便地进入耳鼓，至于听到多少，接收到多少信息，漏掉多少信息，记住多少信息，就另当别论了。

而倾听，是用眼睛听，是用心听，是用脑听，是全神贯注、聚精会神地听。

父母听孩子的信息不成功的主要障碍在于：

观点不同，道不同而不相为谋，就听不下去了；有偏见，而偏见比无知更糟糕，当然也听不下去了；

时间不够，没听完，下次也没有时间再听孩子的话了，信息不全；

不等孩子说完，就急于表达，总是打断孩子的话；

环境干扰，一会儿有这事，一会儿有那事，频繁接听电话，或一边干自己的事，一边听孩子讲话；

孩子叙述时，父母在想自己的工作、心事，注意力分散，当孩子说完了，对你说"爸爸、妈妈，我说完了，你们怎么看？"你可能还没有回过神来，孩子都说了几次"爸爸、妈妈我说完了"，你才回过神来，这时，孩子会感觉很没趣，下次再让孩子表述什么事，他也会像"对付鬼子兵"一样对付爸爸妈妈。

再就是缺乏听的方法、技巧和艺术。

有人会说，不就是听吗，还要什么方法、技巧和艺术？

其实，应该是有的。

听孩子的表述，既有目的，也不一定需要目的。与孩子增进感情式的闲聊、要听孩子阐述一个什么问题、和孩子有意识地谈些什么，都可以。

父母听孩子讲话要聚精会神，认真仔细地听孩子讲，孩子在心理上也会得到满足。无论出于什么目的听孩子谈论叙述，父母都要饶有兴趣，这既是对孩子的尊重，也使孩子能够大胆地说下去，同时也是对孩子的一种身教，当父母或其他人对孩子说话时，孩子也学到了要饶有兴趣。

一般情况下，父母不要打断孩子的讲述，这不仅仅是对孩子的尊重，更能够使孩子完整地表述一件事。

如果孩子太重复、太啰唆，父母不得不打断时，一定要合理打断，比如，接过话头来，表扬孩子几句，再把话题岔开，或者是明确告诉他要暂时停止。

孩子在讲述时，父母除了认真地听以外，还可以积极回应，可以用一些感叹词回应，或者是重复孩子的一些话，或者是作惊讶状："啊，原来是这样呀！""我真没有想到！""这太有意思了！""你是说你一口气就把这本书读完了？"这样，会使孩子很有兴趣，实际上是在鼓励孩子的表达。

孩子在讲述时，父母认真听的同时，还要准确理解孩子讲述的内容是什么意思。就算孩子讲得与事实有出入，父母最好是听完再澄清。

在听的过程中，父母可以适度、适时、适当提问，还可以把话题朝某一个方面引导。

孩子要给大人说事情，无论大人有多忙，最好耐心听。不要说："我正在炒菜呢，哪有工夫听。"这就等于拒绝，下次孩子就不会跟你说了，不愿意与你沟通了。

第三，对孩子反馈信息的方法。

对孩子发出的信息要进行反馈。

从外部得到有关孩子的一些什么信息，也要对孩子进行反馈。

这种反馈，有语言反馈（包括口头语言、书面语言、电话语言和计算机语言等），还有肢体语言反馈；有正面反馈、负面反馈和建设性反馈。难度最大的是负面反馈。

因为负面反馈要对孩子的请求、要求提出不同意见，甚至是相反意见，要指出孩子的错误、缺点，甚至要对孩子进行批评。

人都是愿意听表扬性的话、建设性的话，而负面的反馈，孩子也是不喜欢的。怎么办？

其一，变负为建设性，再变为正。

具体的办法是沟通中与孩子同向、同行、同理，尽量找与孩子的共同点，多用最有威力的"我理解"之语，在孩子的很多错误和不足中尽量找一些孩子的优点。

其二，提供客观的事实，不与孩子的个人品格挂钩。

不要动不动对孩子说出"智商低""你很笨""怎么责任心这么差"等语言。

其三，在对孩子进行负反馈时，要建议孩子怎样改进，一起讨论发展计划。

其四，正负反馈交替进行。

在与孩子进行负反馈时，巧用"交"字。

也就交叉、交互、交替、交换，不要只用正反馈，也不要只用负反馈。

第四，与孩子进行语言沟通的方法。

父母与孩子进行沟通交流，最主要的还是语言交流，大多数是有声语言交流。中国的语言很有技巧性和艺术性，父母要下功夫，提高自己的口头表达能力。民间就有一种说法：一句话把人说笑起来，一句话把人说跳起来。与孩子的沟通也是如此。

父母在与孩子的沟通过程中，语音、语调、语气，都要给孩子一种真诚的感觉，这样，爱的传递、情的传递、心的传递，效果会很好。

父母在与孩子的沟通过程中，要尽量用一些幽默语言，其实，我们建议父母在平时就要学会幽默。幽默与微笑、有趣、轻松、愉快、让人高兴是联系在一起的。它会让人在沟通中感到亲切，会营造一种很好的沟通氛围，当沟通的双方都认为有趣时，形成共识的可能性就更大。

父母在与孩子的沟通中发现，孩子在很多时候是明白道理的，但是，又不能什么都是大道理、中道理，小道理，久而久之，效果不好，孩子也反感，可以把道理放在一些幽默风趣的、富有哲理的故事之中。

沟通中父母要多用赞扬性的语言，少用或不用指责性的、挖苦性的语言，有的话可以换言之，中国的语言非常丰富，为什么一定要用此语言而不用彼语言呢？沟通本来是求同存异，但是，可以巧用异和同。比如，因人而异、因时而异、因地而异，这是用异来沟通；就算父母与孩子在沟通中有了分歧和差异，也要尊重异、包容异，也要尽量找"同"，沟通最终是要找共同点，形成共识，产生共鸣。

所以，在与孩子的沟通中，为了让孩子认同 A，先让他认同 B、C、D、E、F、G、H，这叫"7+1 法则"，也叫苏格拉底沟通法；先说七个让孩子赞同的与本话题不太相关的事，第八个再说出希望他赞同的事来，这样，沟通成功的可能性就要大一些。

要善于用修辞手法。语言的修辞手法很多，比喻、逻辑、反话、夸张、自嘲、含蓄、双关语、故意停顿等都是。

比如，比喻就是很常用的、很好的一种沟通技巧和方法。

杜比音响

孩子看到电影院墙壁上的宣传单上写了"本院是杜比音响"，就问父母："爸爸妈妈，什么是杜比音响？"

由于孩子小，父母解释很多很多知识、很长时间也不一定能让孩子明白，这就要用打比方的方法了。

"孩子，杜比音响，就好比是声音的洗衣机。"

　　"声音也可以洗吗?"孩子好奇地问。

　　"我们的衣服穿脏了,一洗就干净了。拍电影录制的声音可能有杂质、噪声,不好听,就要用杜比音响把声音像洗衣机一样洗一下,过滤一下,声音就好听了。"

　　孩子点点头,似乎明白了。

周恩来的比喻

周恩来总理是一位具有高超水平的沟通艺术大师，他特别善于用打比方来进行沟通。

1954 年 4 月，周总理率团出席日内瓦大会，准备在会议期间放一部梁山伯与祝英台改编的戏曲电影《梁祝哀史》，有人怕外国记者看不懂越剧，搞了一个剧情介绍，翻译为《梁与祝的悲剧》。

周总理知道后，建议发一个请柬，上面这样写："请您欣赏一部彩色歌剧电影——《中国的罗密欧与朱丽叶》"。

结果，影片上映后获得了极大的成功。外国记者普遍认为，这部电影无论故事情节、画面、色彩以及音响效果都堪称一流。

周总理熟悉对方的文化背景，将《梁祝》比作脍炙人口的《罗密欧与朱丽叶》，使对方一下子超越了文化差异的障碍，看懂了《梁祝》，理解了《梁祝》，获得了很好的沟通效果。

对孩子言传时，对孩子沟通交流时，虽然是信息为中心和重点，但是，信息资讯那么多，哪些话可以说，哪些话不能说，哪些话最好说，哪些话在什么场合能说与不能说、同孩子在不同的时间哪些话能说不能说，父母都要把握好。

比如，这些话，最好要对孩子讲：

"孩子，你真棒！"

"孩子，爸爸妈妈以你为荣！"

"孩子，有什么困难需要爸爸妈妈帮你解决吗？"

"孩子，爸爸妈妈有什么不足，可不可以给我们指出啊？"

"孩子，有什么委屈需要对爸爸妈妈讲的没有？"

"孩子，你有属于自己的优势。"

"孩子，如果你有兴趣，可以试一试。"

"孩子，请你再坚持一下！"

"孩子，这是你自己的事情，一定要想办法自己解决和完成。"

"孩子，爸爸妈妈相信你能行！"

"孩子，爸爸妈妈相信你能改掉这个毛病。"

"孩子，你最近有进步了！"

……

比如，以下这些话最好别对孩子说：

"你怎么这么笨？我怎么就生了你这样的孩子！"

"你看人家张小伟，门门功课都是优秀，你呢？"

"我管你吃、管你喝，你还不听我的话？"

"你滚出去，别再回家了！"

"你气死我了，简直和你爸一个德行！"

"你简直就是一个废物！"

"你简直就是一个讨债鬼！"

"我是上辈子欠了你的吗？"

"你到底还想不想上学？"

"这孩子就是不懂事，也不知道叫人！"

"再不好好学习，将来你就是扫大街的命！"

"你要是再考不好，就别吃饭啦！"

"你怎么这么不懂事？怎么这么没有规矩？"

"我已经说过你多少遍了，你怎么总没记性？"

"就知道哭，这么没有出息？"

"你这下贱骨头，净给我惹是生非！"

"他打你，怎么就不打别人？"

"你不做完作业，就别想出去玩！"

"大人说话，小孩子别插嘴！"

"你知道什么，别瞎说！"

"去去去，你懂什么？"

"闭嘴，小孩子问那么多干吗？"

"你好吃好喝，还有什么不知足的？"

"下不为例，再犯我非收拾你！"

"下次再不要把同学领回家来！"

"当个小组长有什么了不起？我像你这么大，都是大组长了！"

……

这些该说的话经常对孩子说了，孩子会怎样？

这些不该说的话也经常对孩子说了，孩子又会怎样？

结果如何，每位父母都是十分清楚的。

同时，当父母的也要反思，该对孩子说的话，我说了多少？不该对孩子说的话，我又说了多少，对孩子的影响如何？今后应该怎样对孩子进行言传？

某家长之问

在珠海演讲后，一位家长与曾教授有这样的对话：

家长："教授，现在的孩子有这样问题，那样问题，问题孩子、孩子问题很多，主要原因是什么？"

曾教授："主要原因在父母、家长。"

家长一脸茫然的神情："教授，我们当家长的，并没有教子使坏，怎么说孩子出现问题的原因主要在父母呢？"

曾教授："这位家长，我向您提几个问题，您如实回答我。当您的孩子读小学、初中放学回家后，您见到孩子的面，第一句话说的、问的是什么？第二句、第三句、第四句、第五句呢？您仔细想一想。"

这位家长想了一会儿，她笑起来了。

相当多的家长是这样问孩子的：

"考了多少分？"

"排名第几？"

"是进步了还是退步了？"

"作业做完了没有？"

"课文背诵了没有？"

"今天你在学校又干了什么坏事？老实交代！不说就不要去吃饭！"

孩子心想，今天我还没有干坏事，要不要临时去干点事，才好回到家里面与爸爸妈妈交代。

久而久之，孩子关心的是分数，对其他东西则冷漠，特别是对他人的关心远远没有达到家长和学校的希望。

有没有父母这样问过孩子：

"在学校帮助过其他同学吗？"

"在学校为老师擦黑板了吗？"

"在教室里为老师倒过开水吗？"

"在学校帮助老师收作业成绩了吗？"

"孩子，今天有什么高兴的事要对爸妈说吗？"

"今天遇到什么有趣的事与爸妈分享的吗？"

如果是这样的问话，久而久之，后果是什么？

其实，每位家长都是十分清楚的。

孩子问题的原因当是出在家长身上！做一名优秀的家长，在言谈方面应该努力提升自己的素养与能力！

教授，现在的孩子有这样问题，那样问题，问题孩子。孩子问题很多，主要原因是什么？

做一名优秀的家长，要对孩子的教育有效、有良好的效果，在言传方面应该努力提升父母、家长的素养与能力。

9. 充分利用现代信息工具

有人说，有人用微信聊天，特别是百无聊赖地闲聊，而有的人则是用微信每天学习。

在家庭教育中的言传，一般都是指面对面地与孩子沟通交流。但是，现代社会进入了信息社会，许多信息工具成了沟通交流的主要载体。

比如手机，虽然许多家长不主张让孩子玩手机，特别是在手机上玩游戏、玩微信，但是，转换一下思维和理念，何不运用手机与其进行很好的沟通交流呢？

因为父母工作很忙，孩子可能功课学业多，孩子可能住校读书，见面的机会不太多。比如，孩子放学回家，玩的时间少，一到家就要做作业，父母下班了，见了孩子的面，又多是问几句作业情况，其他方面的言传就被忽略了。

不妨充分利用手机与孩子进行一些沟通交流。

王总与儿子的微信沟通

一次，在谈到与孩子的沟通交流时，重庆某国有企业一位王姓老总分享了他的一些做法：

从小学高年级到初一，王总上班、出差，闲暇时，父子俩就进行手机微信交流。

王总并不是每次手机交流都问孩子的学习情况，甚至大多数时间都不问，问什么呢？交流什么呢？比如，孩子看了一个电影，看了一本什么书，听了一则什么新闻，正面的、负面的，都让孩子谈看法、谈体会。

有一则车载广告，是讲驾车人驾车时睡着了，出了车祸。王总就在微信上问孩子，听了这则广告有什么体会，下面是王总的儿子在微信上发给王总的一段原话：

"那则广播用幽默风趣的语言告诉大家危险驾驶是不好的；那则广播用幽默风趣的语言而不是死板直白告诉大家，让人在开心的环境中记下了东西。"

另一则新闻：在某幼儿园，一个4岁的小孩太调皮，被老师惩罚关到门外去罚站。结果天太冷，小孩子在门外冻得不行，大喊大叫，最后，小孩被冻坏了。

王总让自己的儿子谈一下对这事的看法。他的儿子又给父亲在微信上发了以下一段原话：

"幼儿园老师的做法是错误的。因为那个小孩才四岁，调皮情有可原。况且调皮也不至于把他弄到门外去站着吹凉风。然后那个老师说没有听到小孩呼喊是因为教室里声音太大，那她自己是不是忘记了有这个小孩了？毕竟是老师自己把那个小孩叫到门外的，门外那么冷的天气，小孩能不大声叫吗？能不冻坏吗？"

王总用这样的方式与孩子进行沟通交流，有什么好处？

一是利用了现代工具，与孩子进行这样的沟通交流，既方便又快捷。

二是让孩子听一些新闻、看一些电影、读一些电子书，可以扩大知识面。

三是看了电影、电子书、听了新闻后，不是一看了之、一听了之，还要给孩子提问，要孩子谈体会，这样，让孩子理性地去思考一些社会和人生问题，父母再进行一些引导和点评，让孩子的是非观更强了。

四是可以提高孩子的语言表达能力和写作能力。

五是如果坚持得好，其实这也是一种让孩子完成的新型日记，也便于保存和积累。

第二章

"三件宝"：身教教得好

　　言传身教，是中国几千年来传统教育的命题，也应该是永恒命题。

　　教育孩子，言传重要，但是，社会也有这样的流行语言："言传不如身教"。

一、身教很重要

所谓的身教，就是父母、家长用自己的实际行动，对子女进行直接或间接影响的一种教育方式。

1. 身教是家庭教育的重点

身教是家庭教育中的一种最重要、最经常的教育形式。

家庭教育有很多形式，如前所说的沟通、交流、言传，不可或缺。但是，身教甚至比言传更重要。

虽然没有语言、没有发声，但是，可能比语言、声音更有教育效果和意义，所谓此时无声胜有声。

不管家长们自觉还是不自觉，他们自身的行为都在起着一定的教育作用。

儿童、青少年的社会经验比较少，社会接触面也比较窄，所以，与他们朝夕相处的家庭中的父母、兄长们便自然会成为他们模仿的榜样，父母、兄长们也就成了他们最早的、也是任期最长的教师。

苏联著名教育学家苏霍姆林斯基曾说过：**"人的全面发展取决于母亲和父亲在儿童面前是怎样的人，取决于儿童从父母的榜样中怎样**

认识人与人之间的关系和社会环境。"

有教育专家讲：成绩好的孩子，妈妈通常是有计划且动作利落的人。父亲越认真，越有条理，越有礼貌，孩子成绩就越好。

有的父母、家长的语言表达能力强，沟通交流又很有方法，对孩子的言传教育效果很好。但是，有的父母、家长的语言表达能力不强，而且也没有什么交流的方法和艺术，但是，他们善于用自己的形象、素养、行为来教育孩子、影响孩子，这样教育孩子也可圈可点。

孩子比较小的时候，对感性的东西接受得更容易些，他也听不进去多少道理，也不懂得多少道理，这个时候，家庭教育多是"看我的"。爸爸妈妈的一言一行，孩子都可能在模仿、在学习、在受到影响。

特别是年幼的小孩，他们的模仿能力特别强，父母在孩子面前不经意的一句话、一个动作，孩子都可能模仿到。

2. "榜样的力量是无穷的"

育子经验表明：家长正儿女易行善，家长邪儿女易行恶；家长民主儿女生平等之心，家长独断儿女生专行之念；家长仁慈儿女博爱，家长暴戾儿女残忍。

"近墨者黑，近朱者赤。"

孩子的成长过程中，需要榜样激励，需要正面引导，需要正能量感染，需要正气熏陶。

榜样，就是楷模、典型、先例，是值得学习的人或事物。

楷树与模树

古代有一种树叫楷树，相传这种树最早生长在孔子墓旁。树身挺拔，枝繁叶茂，巍然矗立，似为众树生长的榜样，像楷树那样长成好树。

古代有一种树叫模树，树叶随季候变动，春季青色翡绿油油，夏天赤红如血，秋日变白，冬日变黑，因其颜色光泽淳美，"不染尘俗"，亦为诸树之楷模，相传此树最早生长在周公的墓旁。

这两种树分别被称为"楷"和"模"，加之楷树生长在留名千古的孔圣人墓旁；模树生长在先智先哲的周公墓旁，以树喻人，故称那一些品质道德高尚、可以作为楷模的人物为榜样。

父亲要成为家中的楷树，母亲要成为家中的模树。

与其费尽心机地为孩子找榜样，还不如严格要求自己给孩子做个好榜样。

其实，孩子从小时起，就是不自觉地把父母当楷模，当榜样，甚至当"无所不能的神"！

今天我们讲一个人的榜样，也是一种理想人格，或者说是主观自我。

以某个人为榜样，就是去领会运用某个人的立场观点、方法，把榜样人物同主观自我高度融合，在具体问题面前，运用榜样人物的立场观点、方法来认识问题，形成观念设想，从而指导支配自身的言行。

以某个人为榜样，其实就是学习领会这个人的立场观点方法，使自己成为榜样人物的替身。

榜样是旗帜，代表着方向；榜样是资源，凝聚着力量。

学习具体的典型榜样，往往比接受抽象的原则、言传直接方便得多，更容易入脑、入心、入灵魂。而且，能够使孩子从感性开始，最终走向理性。

特别是榜样如果就在身边的话，你会不知不觉地受到影响，这样由一到十、由点到面，相互感染、竞相仿效，最终的结果自然是先进典型的普及化。

在一个家庭中，父母及其他家长，自觉不自觉地客观上都成了孩子的榜样，而且是经常性、典型性的榜样。

父母要反思，家长要检讨，我给孩子树立的是一个好榜样还是坏榜样，我的言行给孩子是正能量还是负能量，我对孩子产生的是好影响还是坏影响。

家庭成员中，每一位家长都责无旁贷地要给孩子树立好榜样。

这种榜样的树立，既是有意的，也是无意的。

父母及家长要有意识地给孩子树立榜样，近水楼台，先是父母自己成为榜样。这样，父母及家长们要美化自己、检点自己、设计自己、策划自己。

父母也可能无意中成了孩子的榜样，这就要求父母及家长们要注意自己无意中的形象和言行。

事实上，家长给孩子树立榜样的目的就是让孩子学习榜样的优点，同时，人人有不同的特点、不同的优点，但同时也有不同的缺点。我们认为，在以某个人作为榜样去学习的同时，也应适时指出其不足之处。

这样不仅让孩子学习优点，也能提高分辨能力。

网友 Eggyuxuan 认为，可以在身边人（爸爸、妈妈、爷爷、奶奶等）中选一个作为榜样，适当地夸大优点，让孩子产生崇拜的心理，相信比找一个抽象的偶像更有意义。

言传与身教相得益彰。

言传与身教在孩子教育中，缺一不可。言传运用语言，语言也是通过身体发出来的；而身教中，即使没有发出声音，但身体、行为也是一种语言，至少是一种肢体语言。

既运用言传教育孩子，又运用身教教育孩子。

二、怎样对孩子进行身教

好身才有好教，好教需要好身。

这里的"身"，主要还不是身体的"身"，而是父母身上散发出来的素质、素养、气息、气场。

父母欲要身教好，先把自身修炼好。

佛说：修行先修心，度人先度己。

身教孩子，父母先把"身"修好。

1.父母先修其身

曾子所作的《大学》中有言："欲治其国者，先齐其家；欲齐其家者，先修自身。"

什么是修身？就是陶冶身心，涵养德性，修持身性。简单地讲，就是提高素质、素养。

素养，本来就应该有的素质与教养，平时所养成的良好习惯，包括修养、涵养、教养、学养。

"素养"是身教的基础和要点。

《汉书·李寻传》中说："马不伏枥，不可以趋道；士不素养，不可以重国。"

《后汉书·刘表传》也说："越有所素养者，使人示之以利，必持众来。"

父母的素质素养重要，可以外化为形象，落脚到言行，形成为能力，展现出业绩，也能体现在对孩子教育的效果上。

素养重要，有道是：**"源静则流清，本固则丰茂，内修则外理，形端则影直。"**

素质素养提升，是父母修身的永恒主题，永远的功课，永续的修炼。

《周易·乾卦》："天行健，君子以自强不息。"天（即自然）的运动刚强劲健，相应于此，君子处世，应像天一样，力求自我进步。刚毅坚卓，发愤图强，永不停息。

《周易·坤卦》："地势坤，君子以厚德载物。"大地的气势厚实和顺，君子应增厚美德，容载万物。

我们的社会，正在进行分层，所谓"物以类聚，人以群分"。素质素养高的人越愿意与同等素养高的人交往，越是与这样的人交往，大家的素质素养也就能进一步提高。

专家说：孩子的成长需要同伴，让孩子有自己的朋友，但不要有太杂乱的伙伴，在孩子没有形成成熟的理性和判断力之前，警惕孩子沾染同伴的坏习气。

父母自己修身，修什么？修炼综合素养。比如政治素养、文化素养、情商素养、哲学素养、国学素养、中国传统文化素养、专业素养、生态素养、音乐素养，等等。

但是，父母首先要"修正"，修炼"正人君子"的素养，修炼正派、正直、正义、正气之身。

俗话说，上梁不正下梁歪，下梁歪了倒下来。这里的上梁与下梁，不仅仅是指官与民的关系，更有父母与孩子的关系。父母为人为事"正"了，既给孩子以身教的榜样，也会对孩子有导向、引导作用。

万世师表孔子早就说过：**"其身正，不令而行；其身不正，虽令不从。"**

父母正了，孩子不一定就能正；父母不正，孩子不一定就正不了。但是，父母正了，孩子的正是大概率；父母不正，孩子不正也是大概率。

什么样的父母才是"正"的？父母的"正"表现在很多方面。

我们认为，首先是爱国。

2. 爱国是身教的重点

无论父母从事什么样的工作，无论父母遇到过什么困难、受过什么委屈，无论我们的国家有什么不足之处，父母都应该是爱国主义者，这是无条件的，也是没有任何商量余地、讨价还价余地的。

桥梁专家茅以升曾经说过："**科学是没有国界的，但是，科学家是有国籍的。**"

在中华大地上，爱国才可能有真正的前途，才可能有真正的事业，才可能使自己进步发展。

父母总不会希望自己的儿女成为国家的敌人吧，也不会希望自己的儿女对抗国家、对抗社会吧！

所以，父母用言行、言传、身教，让孩子爱国，这也是没有任何条件和商量余地的。

于是，父母自己要爱国，既有朴素的爱国情怀，更要对祖国的过去了解得很透，对祖国的现实充满深情，对祖国的未来充满希望，积极努力地把国家建设好。

父母的爱国，会在很大程度上影响孩子，同时也要有意识地对孩子进行爱国主义教育。

特别是不少有一定经济实力的人，把自己的孩子送到了国外留学，孩子接受了西方文化的教育，对祖国可能有一些生分，在海外可能听到关于祖国的负面报道多一些，这就要求父母强化对孩子的爱国主义教育，特别是以父母自身的经历体会对孩子进行爱国主义的身教！

生活在基层的家庭，父母从事平凡的工作，收入也不一定高，看到的负面东西可能要多一些，受到的不公正对待也可能有一些，受到的委屈也可能有一些，这就要求父母在孩子面前，不要讲和做一些于国家、政府不利的话和事，不要对孩子产生负面影响，反而要正确、正面看待和对待。

重庆有位蒲姓老总，我们看着他的企业从 10 多年前的几十万元的规模，做到现在的几个亿。

这位老总经常请曾教授吃饭，定期不定期。并不是请教授帮什么忙，教授也帮不了什么忙，主要是相互交流一些对经济形势的看法、对企业管理的一些看法，相互启发。

有一次，这位蒲姓老总在饭桌上对曾教授讲：一个企业家，兜里面有了几分钱，就不要利令智昏，不要自己姓什么都不知道了，不要有了钱就与党和政府叫板。那是万万不行的。没有党和政府的好政策，我们再有本事也赚不了什么钱。永远不要站在政府的对立面。

听了这位蒲总的话，教授深以为然。

父母在孩子面前，不要有不利于国家、社会的言行，不要对社会抱怨，不要在网络上传播负面的东西，不要妄议党和政府的大政方针，当然更不能对抗、攻击。

每个父母都不希望，也不应该把孩子培养成祖国、社会的对立面。

父母的爱国会有很多表现，我们认为，最重要的表现是立足本职，岗位优秀。

3. 做好做优本职工作

父母爱孩子，会有很多方面，为孩子煮饭、洗衣、陪孩子玩耍，接送孩子上学，为孩子辅导作业，给孩子讲故事，为孩子买房子、娶妻找女婿，为子女带孩子。但是，父母最大的爱孩子，就是把自己的本职工作做好、做优秀。

试想，父母为孩子做了那么多事，牺牲了青春，但是父母自己的本职工作却做得很差劲，被领导批评、同事指责、客户埋怨，这样的父母给孩子作了一什么样的示范？

一方面，有一定素养的孩子会瞧不起这样的父母；另一方面，孩子在别人面前，特别是在别的孩子面前会觉得自己矮人一等，抬不起头；更为重要的是，如果孩子也学父母的样，学习、工作很差劲，当爸爸妈妈的你怎么想？

反之，爸爸妈妈工作优秀，受到表扬和称赞，孩子会自觉不自觉地向爸爸妈妈学习，并以父母的工作优秀为自豪！

优秀的父母，自己的机会可能就更多。由于自己的机会多了，孩子也会分享到机会的红利，所以，让优秀成为当父母的一种习惯，并把这种习惯移植到孩子身上。

著名演员萨日娜的一些事

萨日娜是蒙古族演员，国家一级演员。

萨日娜是一名优秀的影视演员。她的优秀表现在本职工作上。有人说她是"母亲专业户"，在近40部影视剧中饰演了母亲、娘、妈妈，比如《闯关东》《中国地》《我的孩子我的家》《向东是大海》《媳妇是怎样炼成的》《历史转折中的邓小平》。她演得非常好，受到广大观众的喜爱。

萨日娜的优秀，还体现在她曾经获得两次"飞天奖"、一次"金鹰奖"。

2009年9月8日二度"飞天"，在颁奖晚会上，主持人让她发表获奖感言。萨日娜手捧奖牌，感慨万分。她的获奖感言很朴实，也很感人。她深有感触地说了一段：

"我非常爱我的女儿，我总想让我的女儿以妈妈为自豪。今天我获得飞天奖了，我要大声告诉女儿：女儿呀，你可以以妈妈为自豪了。"

当爸爸妈妈的，怎么才能让自己的儿女以你们为自豪？怎么才能让自己两鬓斑白的老父老母以你们为自豪？本职工作做优秀是最好的方法。

同样的，本职工作优秀，也是对孩子进行身教的最好方法。

4. "仁"为父母身教的核心

"仁"，是中国特色的提法，西方文化中没有严格意义上的"仁"。郭沫若说了，"仁"是春秋时代的新名词，此前无"仁"字。

"仁"的本意是道德范畴，指人与人相互友爱、帮助、同情。

仁，为事之道、为人之道、为官之道、为政之道、为父之道、为母之道、为子之道、为女之道、为夫之道、为妻之道、为师之道、为生之道、为医之道、为商之道，是为一切之道！"仁"，是个褒义词。

与"仁"组成的每个词几乎都是褒义词。

仁德、仁孝、仁弟（悌）、仁忠、仁恕、仁礼、仁知、仁勇、仁恭、仁宽、仁信、仁敏、仁惠。孝悌是仁的基础。

仁者爱人、宅心仁厚、仁义之师、仁者无敌，天下归仁德者居之。

诚信是"仁"的根本：孔信、孟诚。

西汉董仲舒的《春秋繁露》，其最重要的思想是"三纲五常"。五常：仁、义、礼、智、信，"仁"为五常之首。

父母"仁"，让孩子"仁"！

当父母的要"仁"，给孩子作出好榜样就是大"仁"。

父母是一面镜子，照出了孩子的样子；孩子是一面镜子，照出了父母的样子。

有资料显示，孩子的很多坏习惯、坏行为，许多都能够在父母身上找到。

要孩子做到的，父母要带头做到；要孩子不做的，父母绝对不能做。

第一，诚信。父母诚信，教孩子诚信。

诚者，信也；信者，诚也；诚为里，信为表。心想、口言、身行要一致。

父母要诚实守信，表里如一，说话做事符合事实，从而给孩子作出诚信的榜样。

诚信，是一把尺子；是对人的一种精装；是一个人的最好修养；是一个人的品格品质；使一个人更有吸引力；更是一种可以直接带来财富的无价之宝；是一个人一辈子的财富。有道是，好的声誉才是面值最大的钞票，是一张永远都可以去兑现的支票；有道是，诚信抵万金，诚信是过剩时代的紧缺商品。

习总书记多次讲到诚信的重要性，强调要加强诚信建设。2015年4月21日，习近平主席在巴基斯坦议会的演讲中说道：巴基斯坦认为**"诚信比财富更有用"**，中国认为："人而无信，不知其可也"，两国传统文化理念契合相通。习总书记这是引用的孔子《论语》中的一段话，意思是说，一个人不讲诚信，那是万万不行的。

父母对外要讲诚信，对孩子要讲诚信，当着孩子的面处理关系时要讲诚信，给孩子作出榜样。

比如，父母要信守承诺、一诺千金、一言九鼎；一言既出，驷马难追。

曾子杀猪

曾子曾参的妻子要到市场上去办事，她的儿子要跟着一起去，妈妈不让孩子跟着去。孩子一边走，一边哭。

妈妈对他说："你回去，等我回来以后，杀猪给你吃肉。"

孩子不哭丧着脸了，也没有跟着妈妈去市场。

一会儿，妻子从市场回到家，只见丈夫准备杀猪，叫妻子去帮忙。

妻子拦住曾子说："你真的要捉来杀吗？"

曾子说："你不是对孩子说了的吗？"

妻子说："那不过是跟小孩子说着玩的，你就当真了？"

曾子说："绝不可以跟小孩子说着玩。小孩本来不懂事，要照父母的样子学，现在你骗他，就是教孩子骗人。做妈妈的骗孩子，孩子不相信妈妈的话，那是不可能把孩子教好的。"

后来，曾子真的就把猪给杀了。

父母要言行一致，还要教孩子言行一致，言必信、行必果，做一个诚实的孩子。

诚实讲信用的孩子

18世纪英国的一位有钱的绅士，一天深夜他走在回家的路上，被一个蓬头垢面、衣衫褴褛的小男孩拦住了。"先生，请您买一包火柴吧，"小男孩说道。

"我不买，"绅士回答说。

说着绅士躲开男孩继续走。

"先生，请您买一包吧，我今天还什么东西也没有吃呢！"小男孩追上来说。

绅士看到躲不开男孩，便说："可是我没有零钱呀。"

"先生，您先拿上火柴，我去给您换零钱。"说完男孩拿着绅士给的一个英镑快步跑走了。

绅士等了很久，男孩仍然没有回来，绅士无奈地回家了。

第二天，绅士正在自己的办公室工作，仆人说来了一个男孩要求面见绅士。

于是男孩被叫了进来，这个男孩比卖火柴的男孩矮了一些，穿得更破烂。

"先生，对不起了，我的哥哥让我给您把零钱送来。"

"你的哥哥呢？"绅士道。

"我的哥哥在换完零钱回来找您的路上，被马车撞成重伤了，在家躺着呢。"

绅士深深地被小男孩的诚信所感动。"走！我们去看看你的哥哥！"

去到男孩的家一看，两个男孩的养母坐在受重伤的男孩旁边。一见到绅士，男孩连忙说："对不起，我没有给您按时把零钱送回去，失信了！"

绅士却被男孩的诚信深深打动了。当他了解到，两个男孩的亲生父母都双亡时，毅然决定把他们生活所需的一切费用都承担起来。

这是一则真实的故事。

第二，仁孝。父母尽孝道，给孩子作出榜样。

父母堂堂正正做人是大孝，爱岗敬业奉献是大孝，本职工作做优秀是大孝，清正廉洁做官是大孝，学生认真读书是尽孝道，尽心赡养自己父母是大孝。

寒假作业

一位大学老师向学生布置寒假作业：每位学生放假后回家给自己的父母洗一次脚，要考核、记分。

第二学期开学了，老师在课堂上检查寒假作业。

老师问："同学们，你们回家后给爸爸妈妈洗了脚的，请举手。"

结果全班同学基本上都举手了。只有后排的一位学生没有举手。

老师严肃地问："是不是没有给爸妈洗脚？"

那位学生低下了头，说了："我的确没有给爸爸妈妈洗脚，但是，我给他们洗了头。"

"因为他们在一次车祸中双脚都没有了。"

教室里一片寂静，静得连一根针掉在地上都能听见。

听了这个故事，回忆起几年前曾教授也专程回老家给母亲洗了一次脚，感受颇深。

其实，有没有给爸爸妈妈洗脚并不是最重要的，洗脚不是孝的全部，不能流于形式，关键的是，用什么样的心和行动孝敬老人。

爸爸妈妈老了，行动迟缓了，他们说的话啰唆了，他们脾气怪怪的了，我们怎样对待他们？我们怎样对父母尽孝从而为儿女们作出榜样？

"立波达人秀"的一个节目

上海东方卫视有一个栏目："立波达人秀"。其中有一个节目：

三个年轻和尚达人唱了一首歌：孟郊的《游子吟》：

慈母手中线，游子身上衣。临行密密缝，意恐迟迟归。谁言寸草心，报得三春晖。

三位评委周立波、倪萍、黄舒俊，都听得满眼含泪，都给了三个和尚"YES"。

曾教授也听得流泪了，并多次重复听，听得流泪。

曾教授说他每次出门，母亲都要问他什么时候回来；总是盼望儿子早日回来，说许多祝福的话。

曾教授说："现在，当我已经老了时，才体会到老母亲特别想经常见到儿女的心情。"

曾教授讲了自己亲身的故事：

有一次，教授出门办事，把鞋穿错了：一只脚穿了皮鞋、一只脚穿了布鞋，出门走了一阵子才发现，又跑回来换了。老母亲知道后，笑得不得了。

以后教授每次再出门，老母亲就守在门口，一直盯着教授穿完鞋、没有穿错才放心地离开。

可怜天下父母心、可叹天下父母情啦！

父母养我长大，我陪父母老去。

孝心，不能等待，只要一等待，稍不留神，你尽孝的可能性就没有了。

曾教授的夫人曾经是一个国企财务总监，临卸任前写了一本书——《漫悟人生》，主题词："不能学富五车，但求人生一悟。"

书中有一段是这样写的：

我的亲生父母都已经故去了，我的公爹也故去了，家里只剩下我婆母这一个老人供我尊重孝敬了，现在，我只有这个机会可以喊"妈妈"了，而且会喊一次少一次，不可能永远让我把"妈妈"喊下去，我有什么理由不珍惜？我要感谢婆母，能给一个喊"妈妈"的机会和可能。更何况，我自己也有儿媳了，我对我的婆母好，也是给儿子、儿媳做个榜样，子子孙孙把孝敬孝顺传下去才好呢！

其实，孝敬祖父、祖母、外祖父、外祖母的爸爸妈妈，是很聪明的人，是大智商的人。因为这样给儿孙们作出了榜样，儿孙大都会效仿，也会孝敬你这个当爸爸妈妈的人。反之，孩子也可能效仿负面的东西。

木头碗

一对年轻的夫妇对自己的母亲不好、不孝，老母亲吃饭、穿衣、睡觉等都很差，全家吃饭都是用瓷碗，只有老母亲用的是一个破旧的木碗，而且单独舀给老母亲很差的饭菜，不上桌子吃饭，让老母亲一个人在厨房灶前吃饭。

一天，这对年轻的夫妇收工回来，看见自己很小的孩子在用刀削一块木头，削得很起劲，年轻的父母好奇地问自己的孩子在削什么？孩子回答说："我在削木碗，等我今后长大了，好给你们用。"

父母听了愣住了，愕然许久，从此改变了对老母亲的虐待行为，好好地孝敬老母亲了。

父母对自己的长辈孝敬，是对孩子最好的教育，它会一代代传下去。所以，孩子对父母的大孝，既在心，还在行，最根本的是要让父母快乐，做让父母引以为荣的事。

第三，仁善。

人可以不伟大，也可以不富裕，还可以不漂亮，但是，不能不善良。

父母仁善、善良，会为孩子作好榜样。作家梁晓声教授讲：一个人的善良，就是要替别人着想。

父母要对别人善良，做一些善事、善良之举；父母对孩子善良，进行良善的教育。

尊重别人是仁善；充满爱心是仁善；宽以待人是仁善；严于律己是仁善；做慈善做义务是仁善；乐于助人是仁善；欣赏别人是仁善；帮助别人成功是仁善。

特别是做一些慈善义务，并养成习惯，这对孩子的影响会很大的。

老教授的善举

重庆某大学的一位 Z 教授，10 多年来，坚持每年捐助 5 个左右的贫困山区儿童；每年帮扶 8~10 个贫困大学生；每年捐赠上千元的书给大学生读。

2009年10月，他的儿子从国外留学取得硕士学位后回到重庆的一个国企工作。第一个月的实习工资2000元。

教授问儿子："儿子，第一个月的工资怎么花？"

儿子说："老爸，您说怎么花就怎么花。"

教授说："儿子，老爸建议你先用300元亲手交给祖母（因为祖父早年逝世了），再用300元亲手交给外祖母（因为外祖父早年逝世了）。第一月的工资要想到老人。"

儿子说："好的。"

教授又对儿子说："再用300元寄到贫困山区去，给贫困山区儿童。"

儿子说："老爸，我不知道哪些人是贫困山区的贫困儿童。"

教授说："你可以把捐献的钱寄到重庆慈善总会去，让他们帮你寄给贫困山区儿童。今后每年如此。"儿子答应了，照办了。

2011年2月的一天，天下着雨，教授的儿媳怀孕8个月。教授对儿子、儿媳讲："今年给贫困山区儿童的捐赠款寄了没有？"

儿子、儿媳说："还没有呢。"

教授说："就今天去吧，爱心不能等待，慈善不能等待，每人寄500元。"

儿子儿媳愉快地答应了。

教授说："等一会儿，你爸爸妈妈每人也捐助500

元，帮我们寄一下。"

儿子、儿媳说："好的！"

教授又说："再待一会儿，我们出钱，替祖母、外祖母每人寄 500 去，请填上她们的名字。她们退休了，没有多少退休金。"

于是，6 个人的 3000 元寄到重庆慈善总会去了。

2013 年以来，又多了一个人，就是教授的孙女。她有很多压岁钱，每年寄 500 元到贫困山区去完全是可以的，而且也要写上小孙女的名字。

儿子、儿媳对教授说："老爸，我们知道了，我们会子子孙孙一直做下去的。"

这是一个真实的故事。

父母给儿女作出什么榜样，进行什么样的身教，完全取决于爸爸妈妈对孩子的教育理念，也是爸爸妈妈自身的习惯，更是爸爸妈妈对孩子教育、对自己言行的一种选择。

有道是，**品味人生，最大的痛苦莫过于选择；品味人生，最大的快乐也莫过于选择。**

父母对孩子进行什么样的身教，也是可以选择的，选择权就在父母的手中。选择的结果，父母必须担当。

每种育子身教行为的选择，都是现场直播，没有彩排。

红绿灯面前

2015 年的某一天，曾教授从住宅小区驾车外出。

在小区外面的红绿灯面前，红灯亮了，曾教授停车等待绿灯亮了前行。

当车行绿灯亮了后，教授驾车启动。刚启动了一两秒，突然看见一位老大爷牵着自己的孙子、背着孙子的书包出现在汽车面前。这时人行斑马线是红灯，行人是不能行走的。

教授赶快一个急刹车，幸好没有出事。

教授停下车来对老大爷讲："大爷，好危险啦！您和孩子都很危险的。您这样做，给孙子的生命带来危险的同时，也给他做了一个不好的榜样啊！"

老大爷脸红了，说："我错了，您的车快走！"

开车的人都知道，许多家长带着孩子闯红灯，多危险，而且给孩子以极其不好的影响。

而有的父母、家长，与孩子一起乘坐公交车时，一直在喊孩子上车后多占几个座位。这样的家长也不想一想，孩子从小就学会多占几个座位而不是主动给别人让座，孩子长大后将怎样成长发展？

有的家长发现，在家里不经意的一些脏话，孩子也就很快学到了。

所以有人说，孩子从小到大，学好的东西不容易；但要学不好的东西，那却快得很。

身教是一种无声的语言，但是往往是无声胜有声，于无声处听惊雷。

所以教育专家们讲：

想培养教育什么样的孩子，那就先做什么样的家长；

与其告诉孩子别撒谎，不如自己做榜样；

要想孩子不"八卦"，就要尊重孩子的隐私；

父母爱分享，孩子不吝啬；

父母情绪好，孩子好情绪；

父母乐观开朗，孩子积极向上；

家长多看书，孩子爱阅读；

家长多贪污，孩子入歧途。

专家这些观点，指的是一般而论，虽然不是绝对的，但也有十分强的针对性。

"伊索寓言"：螃蟹妈妈教子

螃蟹妈妈见孩子们走路都是横行而不直走，很是生气，就教诲自己的孩子说："你们应该学会直着走路，不要横行。"

小螃蟹看了看螃蟹妈妈走路，对螃蟹妈妈说："妈妈，怎样直走？你先走给我们看看。"

结果是什么？可想而知了！

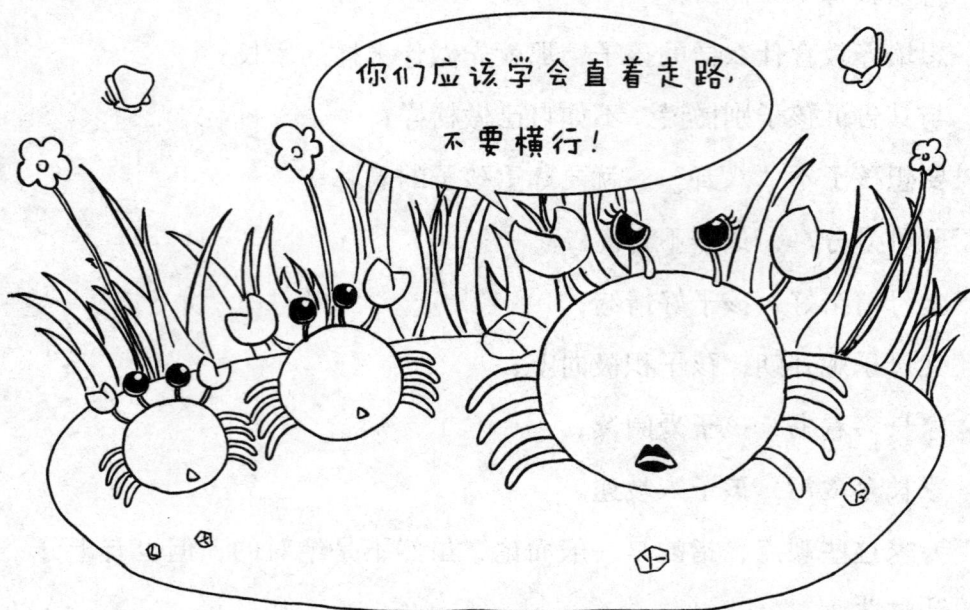

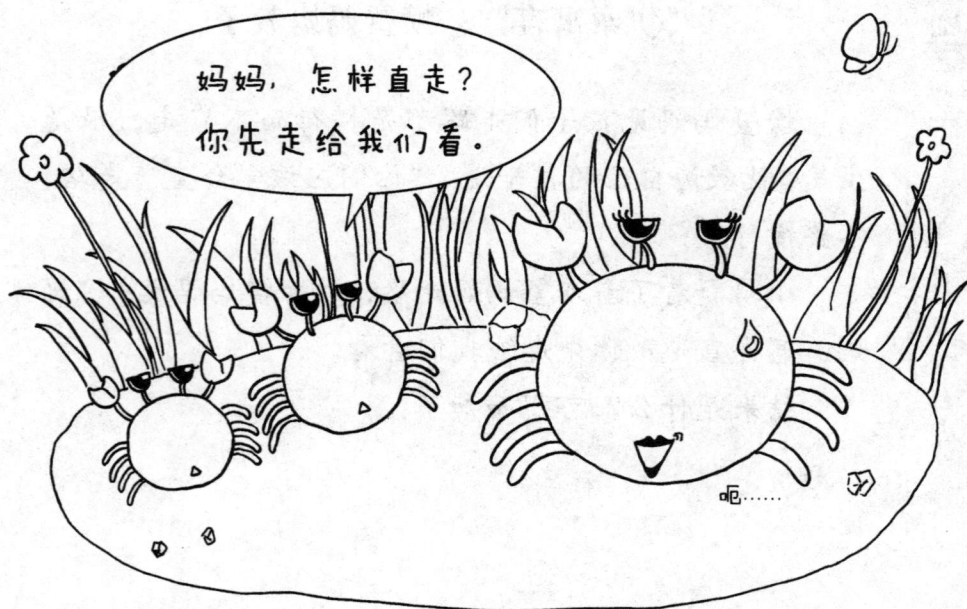

显然，螃蟹妈妈在对孩子的言教上她是失败的，它明知螃蟹孩子横着走路不美，想教育自己的后代改变这个行为，恰恰自己身教不到，则言教无以附焉。

离开身教的言教，必然是空洞的说教，言不由衷，口是心非，其效果必然很差。

5.父母当着孩子的面，有的事不能做

儿童教育家孙敬修先生说得好：**"孩子的眼睛是录像机，孩子的耳朵是录音机。"**

毛华萍女士说得好："父母的行为就好比一本活的教科书，父母要有意识地规范自己的言行，避免一些不良行为出现在孩子面前。"

当着孩子的面，贪污腐败暴露无遗，而且炫耀显摆，这是万万不能的！

当着孩子的面，搞假冒伪劣那一套，而且不以为耻、反以为荣，那是万万不可的（当然背着孩子搞贪污腐败和假冒伪劣也是不行的）。

当着孩子的面打麻将、斗地主赌博，有的通宵达旦，影响孩子学习睡眠等正常生活，有的父母由此没有时间和精力关心孩子的教育成长、心理健康。有的父母更可恶，"三缺一"的时候，还叫孩子来"凑个角"，这是完全不可取的。

当着孩子的面不买书、不读书、不学习，不求上进，不提高素养，这也是极其不行的。

当着孩子的面乱扔乱放。比如在阳台上乱扔东西到楼下、在行车

中乱扔东西到窗外、在街上乱扔杂物、乱吐口痰等，这都是父母的坏习惯。

当着孩子的面千百万不要去算命，甚至不要带孩子去算命。否则，孩子只相信命运早有安排，而不去努力奋斗。

> 某人去算命，身上有意识不带一分钱就去"裸算"。他让算命先生给他算啦算啦，算了好一阵。等到算命先生算完了，这人二话不说，扭头就走。
>
> 算命先生对这人大声说道："这位朋友，你还没有交算命的钱呢！"
>
> 这人对算命先生说："交什么钱，你这么会算命，怎么没有算到我身上没有带钱呢？"

或许这只是一个笑话，但是，父母千万不要引导孩子相信命运、运气。人人都可能有机遇，但是，机遇并不等于命运和运气。

共识：机遇总是惠顾于有准备之人。

教育孩子作好准备，只要作好了准备，就不是自己辛辛苦苦抓机遇的问题，而是机遇有可能主动找你，主动"砸"你的脑袋。

王立群教授之言

> 曾教授第三次到央视"百家讲坛"去拍片，见了易中天教授和王立群教授，一个桌子吃饭。
>
> 河南大学教授王立群，人生之路一开始也不是很

顺畅，但是，他通过自己的努力考上大学，成为教授，并在央视"百家讲坛"一炮走红，读《史记》、读《宋史》，讲得特别好。有一次，到重庆演讲，说了一句令人费解的话，大意是：我为"百家讲坛"等了40年了。

此话令人费解。40年前谁知道有什么"百家讲坛"？我们都知道人生有未来，但不知道人生的未来是什么，但这恰恰是人生的魅力所在，才令多少英雄为之竞折腰。

但是，王立群教授这句话很好理解：我们都不知道未来是什么、做什么，王教授也不知道自己今后上央视"百家讲坛"演讲，并如此成功，但是，王教授早些年一直努力，作了知识的储备，能力的训练，"百家讲坛"一来，他就上去了，并大获成功。

显然，这不是算命算出来的，也不是什么命运早早地安排出来的。

当着孩子的面不能展现家长差劲的作息计划和习惯。要让孩子有良好的作习、生活习惯，父母一定要有好习惯。试想，父母天天睡懒觉，孩子怎么会早睡早起呢？

当着孩子的面不能谈一些负面、"子虚乌有"的新闻以及一些不着边际的"八卦新闻"。孩子的辨别能力不强，且有很强的好奇心，也很乐意听新鲜的事。于是孩子很可能当成真事、当成故事来听，而且会记住，且印象深刻，从而对孩子产生一些负面影响，甚至影响很多年。所以，当爸爸妈妈的，在孩子面前谈新闻，一定先要筛选筛选。

父母无条件地满足孩子的任何要求，这是杀伤力最强的一种负面身教。许多家长认为这是爱孩子，其实，这恰恰是害了孩子，它会让孩子变得任性、自私、依赖性强、意志薄弱，不善于克制自己。所以，非常流行的一句教育孩子的语言：**"无所不包的爱，恰恰是伤害。"**

父母要表扬孩子，特别是不少教育孩子的专家，都认为要多给孩子表扬，要对孩子说"孩子，你真棒！"这样有利于孩子树立自信心，有利于孩子的进步。从某种意义上讲这是对的。英国的《每日邮报》曾经报道："表扬已成为现代育儿方法中的一剂万能药。"

现代社会形成共识：**孩子不是在指责中长大的，总是批评孩子，孩子会没有自尊心。**

但是，父母表扬孩子要适度，否则物极必反。对孩子要以表扬为主，但表扬要有所节制，而且，不要为了表扬而表扬，要让父母的表扬对孩子的进步起到激励作用。

有的不着边际的习惯性表扬，孩子听惯了，习以为常了，便没有激励作用了，而且可能让孩子产生自满情绪。

一般说来，表扬要具体，不要太笼统、太模糊，要让孩子知道自己到底为什么受到表扬；重点表扬过程而不是结果，过程是努力的表现，结果不要太看重，因为即使结果是失败了的，但只要孩子努力了、尽力了，也是值得表扬的。同时，父母要把握好表扬的时机和分寸，这样效果会更好。

当着孩子的面，父母不要成天愁眉苦脸、唉声叹气、牢骚满腹、怨气冲天。父母的负面情绪，对孩子的影响很直接、很深远。如果孩子也全盘接收，完全学到，既影响孩子的成长，孩子长大后也不可能成为一个社会、团队和同事喜欢的人。

父母当着孩子的面，不要把自己对孩子的付出老挂在嘴边。

毛华萍女士列举了父母的一些类似的话：

"你一定要好好学习啊，为了你，我们省吃俭用。"

"我们为了你放弃了升职的机会。"

另外还有很多类似语言：

"我们起早贪黑到底为了什么？都为了你呀，孩子！"

"你看我们忙得团团转，你为什么不珍惜呢？"

"你看爸爸妈妈为了你，穿了些什么？吃了些啥？"

"你看爸爸妈妈为了你头发都白了，人都老了好多！"

父母说的这些也许是事实，出发点也许是好的。但问题在于，爸爸妈妈说多了，反复地说，可能给孩子很大的压力，可能让孩子背上了沉重的、负债式的"十字架"，久而久之会反感、逆反。

当着孩子的面不要随意发脾气。有时是对家里的其他人发脾气，有时是在外面不顺心回来发脾气，也有可能是在外面受了气，有了压力，回到家里找家人（包括孩子）出气。特别是不要动不动就对孩子发脾气。

如此打孩子

妻子回到家里，只见丈夫一个劲地在打孩子，满屋子地追着孩子打。孩子一边跑一边哭，嘴里还不住地喊："爸爸，不要打了！不要打了！"

妻子见状，上去拉住了丈夫的手，不让他打孩子。

歇了一会儿，妻子问丈夫："孩子犯了什么错？你这样狠劲地打他？"

丈夫想了一会儿，说："对呀，我为什么要打孩子呢？"丈夫居然想不出打孩子的理由，就把孩子打了一顿。

这可能只是一个笑话故事。

但是，在日常生活中，在一些家庭的子女教育中，有的父母的确是没有搞清楚是什么样的问题、是什么原因、前因后果是什么，就不分青红皂白地先打起来。这样的结果，对孩子的伤害是很大的，而且，这样的身教，负面效果也是特别明显的。

有一个儿童教育机构，经过一定的调查，列举了孩子反感父母的十大行为排行：

第一位，唠叨。适当提醒孩子是可以的，但是，大事小事都喋喋不休地唠叨，孩子会很反感，也起不到多少教育孩子的作用。特别是孩子稍微长大了些后，对唠叨不停就越来越反感了。

第二位，脾气暴躁，不问是非，逮住就骂、就打。家长在身教时，要努力提高自己的修养，不要为了一丁点事就大动肝火，更不要拿孩子作为发火的对象。

第三位，动不动就埋怨指责，爱拿自己的孩子与其他孩子比较。这种比较，往往是拿别的孩子的优点比自己孩子的缺点，结果特别伤孩子的自尊心、自信心。

第四位，经常采取命令式语言，不通情达理，过分限制孩子的自由。对孩子严厉有余，慈祥不足；事无巨细，管得太多，不知道有的东西要粗线条管理。简单粗暴，命令太多，商量不够。

第五位，除了学习，对孩子的其他方面漠不关心，而且滥报各种辅导班。特别是有的家长，对孩子的学习急功近利，不从素质素养和人格、习惯方面去塑造。

第六位，脏话连篇，爱吹牛，穿着不得体。孩子遇到这样的家长，特别是在别人面前，孩子会感到没有面子，很丢脸。

第七位，不相信孩子。孩子可能有一两次失信撒谎，以后就再不相信孩子了。

第八位，不能正确评价孩子。要么把孩子说得一无是处，要么就说得好上天。

第九位，对孩子过度保护。结果，使孩子很脆弱，特别是心理上很脆弱，自理能力差。

第十位，放任自流。对孩子不闻不问，结果，孩子惹了事、出了大事，可能把父母吓一大跳，"我的孩子不会这样吧！"

怎么办？父母就从自身改起，身教就从父母做起吧！

第三章 "三件宝"：境教是高招

　　境教，一般是指情境教育，即结合教育对象的实际情况，结合教育对象所处的环境特点进行教育。

　　教育孩子，既要言传，更要身教，还要境教。境教，是教育孩子三大法宝中最重要的一宝。

一、境教太重要

有人说，言传不如身教，身教不如境教。因为利用环境对孩子进行教育，它融入了言传、身教，又超越了言传和身教，内容更广泛、更深刻、更丰富。

社会共识：**环境塑造人**。

瑞典教育家爱伦·凯指出："环境对一个人的成长起着非常重要的作用。良好的环境，是孩子形成正确思想和优秀人格的基础。"

教育孩子的现代理念，最重要的是要强化环境教育。

有一首据说是一位伟人写的七律诗，《满江红·答友人》：

> 问余何日喜相逢，
>
> 笑指沙场火正熊。
>
> 猪圈岂生千里马，
>
> 花盆难养万年松。
>
> 志存胸内跃红日，
>
> 乐在天涯战恶风。
>
> 似水柔情何足恋，
>
> 堂堂铁打是英雄。

诗中的"猪圈岂生千里马，花盆难养万年松"，意思就是一个人能否成才和他所处的环境有很大的关系。

南橘北枳

成语，出自《晏子春秋·内篇杂下》："橘生淮南则为橘，生于淮北则为枳，叶徒相似，其实味不同。所以然者何？水土异也。"

意思是淮南的橘树，移植到淮河以北就变为枳树。比喻同一物种因环境条件不同而发生变异。

植物的生长如此，其实人的成长环境、条件也有相同之处。不同的环境条件下，孩子的成长可能就有所不同。

有人说，**伟人改善环境，能人利用环境，凡人适应环境，庸人抱怨环境，恶人破坏环境**。我们要说优秀的父母教育孩子，会营造良好的环境！

环境对人生存和发展的影响，就年龄而言一般是成反比，年龄越小受环境的影响就越深刻。这是由儿童身心发展的特点、环境所具有的教育价值两方面决定的。

温暖和谐的环境能使孩子性格活泼，行为具有理性，并善于交往；充满爱意的环境，使孩子有同情心，也有爱心。

从某种意义上说，环境是孩子的重要生存条件。家长应该为孩子的成长提供一个适宜的、充满关爱和自由的环境。

孩子成长的环境包括三个方面：家庭环境、学校环境、社会环境。

它们已经成为孩子、青少年健康成长的三大支柱。

社会环境问题，是父母没有办法解决的问题；学校环境问题，父母可以在一定程度上进行选择；而家庭环境，则是家长们完全可以从主观上努力解决得更好一些的。

父母可以选择较好的居住环境，让孩子在一个较好的社会环境和学校环境中成长，因为社会环境和学校环境对家庭环境也是有很大影响的。

古有"孟母三迁"，今有学区房紧俏，都是一样的道理。

孟母三迁

从前，小时候的孟子孟轲，父亲早早地死去了，母亲守节没有改嫁。

有一段时间，他们住在墓地旁边。孟子就和邻居的小孩一起学着大人跪拜、哭号的样子，玩起办理丧事的游戏。孟子的妈妈看到了，就皱起眉头：不行！我不能让我的孩子住在这里了！孟子的妈妈就带着孟子搬到市集旁边去住。

到了市集，孟子又和邻居的小孩学起商人做生意的样子。一会儿鞠躬欢迎客人、一会儿招待客人、一会儿和客人讨价还价，表演得像极了！孟子的妈妈知道了，又皱皱眉头：这个地方也不适合我的孩子居住！

于是，他们又搬家了。这一次，他们搬到了学校附近。孟子开始变得守秩序、懂礼貌、喜欢读书。

　　这个时候，孟子的妈妈很满意地点着头说：这才是我儿子应该住的地方呀！

　　现代孟母也存在。

　　长沙市的Y先生上演了一场现实版的"孟母三迁"。

　　为了孩子的成长，Y先生经历了三次搬家，终于为他儿子找到了一个安全静谧、四季葱茏，健身设施齐备，左邻右舍熟识，文化气息浓郁，教育配套齐备的小区。

　　Y先生相信，这样的居所对于儿子的健康成长是有好处的。

孩子的教育对于家长来说是头等大事，相信像 Y 先生这样的家长绝对不在少数。然而，这样真的对于孩子的成长有意义吗？居住环境对孩子又会有多大的影响呢？

湖南师范大学教育科学学院学前系教授张卫民给出了这样一个答案："环境对孩子的成长相当重要。"

张教授对 Y 先生的这种做法表示赞许，称其是对儿子健康成长负责任的体现。在不好的环境下，孩子容易受到噪声、空气、卫生的影响，为学习和健康带来影响。而且如果小区安保不够完善和严格，孩子还将面临严重的安全问题。而在好的环境下，这一切都会被解决。

二、什么环境更好

最适合孩子成长的好环境有哪些条件呢？张卫民教授给出了五条衡量标准。

第一，幽美的自然环境。雾霾严重的环境肯定是不好的。杂乱污秽的小区环境也极不利于孩子的成长，噪声也是影响孩子智力开发的障碍。而生活在宁静、清洁、清幽环境中的孩子智力优秀、智商较高。

第二，和谐的人文环境。如今城市中邻里关系并不像以前那么紧密，楼房中的业主很多连对门是谁都不认识。然而在小区邻里之间的互动对于孩子的成长是十分有利的，能让孩子学会宽容、奉献、分享、合作等。

第三，良好的文化环境。小区如果有配套的活动室、图书馆，能让孩子从小就很方便地受到文化熏陶。

第四，完善的典章制度。这其实是优秀小区的人性化之举，比如道路标志、池塘水深危险标志等，尽量避免意外伤害事故的发生。

第五，配套的教育资源。教育资源匮乏，业主的孩子无法就近上幼儿园、上小学、上中学，是许多新开发楼盘的"软肋"。

社会环境和学校环境很重要，但最后都要作用于家庭环境，并主要通过家庭环境起作用。

每个孩子都有一个家，都要在一定的家庭环境中成长。

什么样的家庭才是有利于孩子成长的环境？环境好坏的标准是什么？物质、精神、财富、优越的生活条件？是家里有很多钱吗？是父母都是当大干部、大企业家、大名人吗？是住别墅、开豪车吗？是能够有经济实力送孩子择好学校甚至出国留学吗？

既是又不是！

教育专家说：富裕是另一种更高级的教育资源，西方人的经验是："培育一个贵族需要三代人的努力。""阶层是会遗传的。"但是，更高级的教育资源需要有更高级的教育技艺，如果没有更高级的教育技艺，富裕的家庭反而会给孩子的成长带来灾难。

优越的物质条件，的确能够提供孩子成长、受教育的好条件，但是，它们也可能是一把双刃剑，有可能让孩子太有优越感，可能不思进取，可能竞争力弱。不少"富二代"、"官二代"就是因为家庭条件太好了，反而环境决定了"次品"孩子的产生。

所以，太好的物质条件环境，有可能害了孩子，可能扼杀了孩子的斗志和创新创造精神。

需要一定的物质条件和物质环境，物质是基础性环境。但是，我们认为，最重要的家庭环境还是家庭教育，是父母的素质素养。

三、家庭教育的两大重点

1. 孩子成长的"微环境"

大环境往往很难一时半会儿改变。"孟母三迁"、"Y 先生三迁"，都是有一定主观和客观条件的，大多数家庭不一定能够"三迁"。

所以，孩子教育专家们提出来了"微环境"打造，对孩子教育成长具有重要意义。

家庭教育微环境是反映孩子发展的微环境，特指那些直接作用于孩子并对孩子发展的进程产生影响的各种人物、场所和事件的总和。

家庭微环境很重要，微环境的质量在很大程度上决定了儿童发展的方向、速度和水平。

影响家庭教育微环境主要有五大因素：

第一，孩子居住条件与生活空间。

第二，家庭同住人口数量及家庭类型。

第三，家庭玩教类图书与用品拥有量。

第四，家长育儿行为。

第五，家庭教育实施的效果。

微环境的这五个主要方面，父母对大多数都是能够有所作为的。

2. 家风、家教环境

它比微环境的范围更广，内容更多。微环境更适用于儿童的成长；家风家教则贯穿孩子成长的整个过程，甚至对大孩子、中孩子、"老孩子"都具有重要的教育意义。

当然，家风家教也与微环境在很多方面是重叠的。

家庭环境教育是对孩子健康成长不可缺少的一种教育，有着学校环境教育、组织教育、社会环境教育不可代替的作用。

家庭是孩子成长的第一所学校，父母是孩子的第一任老师，家庭教育是孩子成长的基础性支柱。家庭环境的好坏，直接影响孩子能否健康成长。孩子成长过程中的很大一部分时间其实是在家庭中度过的，孩子的全部生活始终与家庭小集体有密切的联系。

在家庭中，随着社会进步和社会结构的复杂化，更突显了家庭教育的重要。

特别是进入 21 世纪以来，我国全社会对家风家教的重视程度更热更高涨。

有心理学家指出：

如果孩子生活在批评中，便学会谴责；

如果孩子生活在敌视中，便学会好斗；

如果孩子生活在鼓励中，便学会自信；

如果孩子生活在受欢迎的环境中，便学会喜欢别人；

如果孩子生活在友谊中，便学会觉得生活在一个美好的世界。

四、怎样对孩子进行境教

父母对孩子的境教，既有刻意的、有意识的家庭教育，更多的是形成良好的家风、家庭氛围，让孩子受到潜移默化的影响和教育。正如杜甫《春夜喜雨》诗中说的：**"随风潜入夜，润物细无声。"**

1. 突出一个"爱"

也就是营造一个充满爱的家庭环境。

由于爱，父母才结合。

由于爱，才产生了孩子。

由于爱，才去教育孩子。

由于爱，才可能把孩子教育好。

由于爱，才有效果很好的境教。

爱的力量巨大：爱能征服一切、爱能战胜一切、爱能感动一切、爱能感染一切、爱能感化一切、爱能消融一切、爱能获得一切！

爱，是美丽之源，因爱而美！

爱，是幸福之源，它能将一切痛苦化为幸福。

爱，是精彩之源，"只要人人都献出一点爱，世界就变得更精彩"。

爱换来爱，爱赢得更爱，爱增值爱。爱，才能发掘孩子的潜能潜力；爱，才能开发出高智商的孩子；爱，才能培养出高情商的孩子。

充满爱的境教是什么样子？首先是充满爱心。

爱心，"是教育事业永不言败的最后一道防线"。

爱心，"是每一位父母教育成功的最初的起跑线"。

爱心，在家庭教育过程中得到升华；家庭教育，因为爱心而永放光芒。

爱心最阳光，爱心最灿烂。

爱心教育是一切教育，特别是家庭教育永恒的主题。

对于教育来讲，对于教育培养孩子来讲，对于家庭教育来讲，爱、爱心永远是第一位的。

古今中外的教育思想各有不同，教育风格各有千秋，但是它们都有一个共同点，那就是**"教育要有爱心"**。

中国历代著名的、有成就的教育大师，无不以爱心作为教育的核心。

中华美德中"孝""忠""仁""义"等内容的光辉，也是因为在这些传统美德中都蕴涵着一个"爱"字。

鲁迅曾经说过：**"教育是植根于爱的。"**

温家宝总理说过：**"没有爱心，就没有教育。"**

大教育家苏霍姆林斯基说过："如果你不爱学生，那么，你的教育从一开始就是失败的。"

我们认为，没有爱心，没有爱心的教育，没有爱心的言传、身教和境教，优秀的孩子就不可能产生。

我国现代教育家夏丏尊说得好："教育之没有情感，没有爱，如同池塘没有水一样。没有水，就不能称其为池塘，没有爱就没有教育。"

有学者用诗一般的语言叙述：

爱心是水，滋润着父母和孩子的心田；

爱心是金钥匙，能够打开孩子的心灵窗户；

爱心更是成功教育的原动力，是孩子提高情商的法宝；

爱心是教育中一个永恒的话题；爱心是教育灵魂中最闪烁的一点光，它点燃父母的希望，点燃老师的希望，点燃孩子的希望，点燃民族的希望。

中国教育的万代师表孔子，其教育思想可以归结为爱与爱心的教育，"仁者爱人"，是儒家学说的重要支柱。

其实，每个人的心底都有一座爱的宝藏，每个孩子心底都是一片爱的海洋。父母通过爱，通过爱心的教育，通过营造一个充满爱的家庭环境，能让孩子从小受到爱的熏陶，唤醒孩子的爱，激发孩子的爱，开发孩子的爱，让孩子创造爱、懂得爱、理解爱、付出爱、奉献爱、接受爱、享受爱、珍惜爱！

所以，**家庭的爱心教育是让孩子受益一生的教育。**

爱心是人们内心最深切的需要，爱心是人类的永恒需要。

孩子的父母，也是老师，而且是终生的老师；孩子的老师，也是孩子的父母，"一日为师，终身为父"！他们都肩负着对孩子进行教育的重任，他们都希望自己的教育更有力量，而教育的力量是来源于父母和老师对孩子的热爱，来源于父母、老师和孩子爱心的交融！

家庭教育是心心相印的活动，是爱心与爱心相印的活动。

人们如此重视爱和爱心教育，从另一个方面讲，目前父母、老师、社会对孩子的爱和爱心教育是一个薄弱环节，亟待加强。

（1）父母要有爱心

如果父母没有爱心，怎么可能有好的境教？

有学者说：**"当你拿着锤子对孩子，孩子就是一个个你想征服的钉子；当你带着爱心对孩子，孩子便成为争奇斗艳的鲜花。"**

测试一下父母：

你爱我们的祖国吗？

你热爱社会吗？

你热爱本职工作吗？

你爱岗敬业吗？

你有过慈善行为吗？

你对灾区的捐献如何？

你在孩子面前表现出对慈善、捐献的态度如何？

你爱家人吗？

你爱孩子吗？

你爱其他的人吗？

你是怎样爱的？

父母的爱心应该是广博的、深刻的。父母对孩子、对夫妻双方、对同事、对邻里、对工作、对社会、对自己，都要充满爱。

父母只爱自己、只爱自己的孩子、只爱自己的家庭，不关心社会、不关心工作、不关心他人，最终也不可能真正爱自己和自己的孩子，也不可能真正爱家庭。

我们最是提倡父母要爱国、爱岗敬业，有事业心，有事业能力，有事业业绩。一个连自己的本职工作都不努力做好的父母，爱心也不会好到哪里去。

孩子不仅仅佩服甚至是崇拜自己的爸爸妈妈工作努力，而且会不知不觉地学到爸爸妈妈努力工作的精神。

爸爸妈妈要有奉献精神，这是人间大爱！只要有奉献爱的机会，父母一定不要放过，无论是在家里还是在工作中，还是在社会中，当然，特别是在孩子面前。

我们最是提倡父母在家里对家庭成员要真正地表达关爱，特别是替孩子着想。一个没有爱的家庭，是不可能培养出有爱心的孩子的。

我们最是提倡父母的自爱，自尊自重自爱的父母，遵纪守法的父母，爱岗敬业的父母，做好本职的父母，负起责任的父母，都是自爱。特别是有一定职务、有一定权力的父母，你的廉洁自律，就是自爱，也是对家庭、对孩子的大爱！我们在《从责任走向优秀》（重庆大学出版社 2009 年出版）中写道：**有职权的父母送给家人最好的礼物，就是当一个清官！**

我们最提倡父母对他人的关心关爱，替他人考虑，替他人着想，为他人服务。只考虑自己的自私自利的父母，大都会把孩子培养得更自私——另类的"一代超过一代"。

父母的爱心还要体现在营造一个充满爱的家庭上，让自己的孩子在充满爱的家里成长，并接受爱的洗礼、环境教育。

（2）父母要爱孩子，要真爱孩子

许多父母容易进入一个误区：我自己生的孩子，还会不爱吗？

高尔基说："爱孩子，这是连母鸡都会的。"

父母真爱自己的孩子，是一种权利、是一种责任、是一种义务；

父母真爱孩子，是一种素质、是一种素养、是一种能力；

父母真爱孩子，是一种付出、是一种奉献、是一种牺牲、是一种享受。

世界上最无私的爱，莫过于父爱、母爱，莫过于父母对孩子的真爱。

看看我们的孩子，不少孩子有程度不同的"爱心缺乏症"；看看我们的父母，不少人爱心教育不够，主要是不知道如何对孩子进行爱和爱心教育，实际上就没有对孩子真爱。

父母要真爱孩子。哪怕是"问题孩子"，父母打心眼里也应该去爱的，那毕竟是自己身上掉下来的肉啊！

兽有舐犊之情，鸟有反哺之恩。

父母爱子女，纯属天性、人性。亲情之爱，源于天然；与生俱有，相伴终生。

"爱"，只有这一个字，但做起来，谈何容易；做得不好，父母就不是真爱孩子。高尔基曾说过："**谁不爱孩子，孩子就不爱他，只有爱孩子的人，才能教育孩子。**"

问题是，有的父母对孩子的爱，是过分的爱、偏爱、溺爱、错位的爱、畸形的爱。

不少父母为孩子设计了他的道路，孩子应该成为什么样什么样的人，长大了当什么、做什么，有不少的计划和标准。于是，父母的心目中已经勾勒了现在的孩子应该是什么样子，未来的孩子应该是什么样子，几乎是"完美"的一个孩子。

读什么学校，是父母决定；读什么专业，是父母决定；毕业后到什么样的单位工作，是父母决定；找什么对象是父母决定。一切都由父母安排决定，使好端端的爱与爱的出发点完全相反。

问题就出在这儿。

什么是问题？有若干个解释，其中一个解释是：预期与现实的差距；期望与实际的落差。真爱孩子应该怎么做？要么改变孩子的现实，达到预期；要么在改变现实的同时，实事求是地降低预期。

美到极致便是丑，爱之过分便是害，极端的爱会导致极端的害。

"望子成龙，儿子变成虫；逼女成凤，女儿发了疯。"教育专家们如是说。

不爱孩子不行，过分、过度爱孩子也不行。

对孩子百依百顺，无限关怀与疼爱，但忘记了培养他们爱父母、爱他人的情感。这就造成了孩子以自我为中心，什么都是"我""我""我"，认为父母对自己的爱和付出是天经地义的，是应该的，对父母的爱无动于衷，没有感恩之情，没有图报之意。有的孩子甚至对父母的爱感到厌烦或怨恨，不懂得珍惜爱、接受爱，变得自私和无情。

著名教育家马卡连柯曾说："**一切都让给孩子，为他牺牲一切，甚至牺牲自己的幸福，这就是父母所能给孩子的最可怕的礼物。**"

有儿童教育专家说："**过分的溺爱，带来孩子的无情；过分的溺爱，带来孩子的怨恨。**"

爱孩子没有错，但是，爱的方式一旦错了，爱反而就成了罪过。国内外这方面的案例太多了。

　　父母怎样真爱孩子，很重要的方面就是要会爱。爱之以道，爱之得法，爱之有艺术，这样，爱才有回报，爱才有结果、才有效果、才有善果，孩子才会感动。

　　父母爱子女，来自父母给予的血肉之躯和附于躯体上的那颗心，显然，父母要用心爱孩子，专心、上心、全心、尽心、呕心沥血。

　　对孩子的爱要倾注父母的全部感情，情深意切。

　　其实，父母真爱孩子，既容易，也真难；既如登上九重天，也如履平地。

　　我们认为，最重要的是给孩子一个完整的、美好的、温馨的、有利于孩子成长的家！

　　要知道，境教大多数是在家里完成，由父母这对主要的家庭成员完成。

　　家是什么？

　　家庭是什么？

　　家庭环境是什么？

　　家庭里的境教是什么？

　　家，是以婚姻和血缘关系为纽带的基本社会单位，也包括收养关系。

　　社会流行语：有家的感觉真好！

　　每到春节前，人们千里万里要赶回家，就是要去过那个年三十，为什么？全是因为这个"家"！

　　家为什么有那么大的吸引力？

　　歌手云飞唱了一首很好听的歌，歌名叫《草原的月亮》，有一句歌词太好了："**有家就是天堂。**"

所以，千百年来，人们都要"成家立业"，修身、齐家、治国、平天下。

齐家，就是要治家。治家，就要把家治理好！

有人说：

家，是一束温暖的阳光，可以融化心上的冰雪寒霜；

家，是一盏明灯，可以照亮夜行人晚归的路程；

家，是一个温馨的港湾，可以遮挡人生中不可避免的风风雨雨；

家，是一泓清澈的溪水，能够洗涤繁杂的世事回归安静的心灵；

家，是一阵清风，可以拂去烦恼和忧伤；

家，更是那一缕情丝，穿透着人生的每一个角落……

家，可能并不富裕，也可能不华丽，但是，家里有温情、有亲情、有爱情；家里有甜蜜、有宁静、有温暖、有欢声、有笑语、有尊重、有安慰、有宽容、有幸福。

家，应该是一所充满爱、充满真爱的房子，家是一个放松身心的地方，家是一条清澈见底的小溪，家是一个疗伤休养的地方，家是一个共同营造的地方，家是一个无比温馨的港湾。

我们要说，家、家庭是最重要的财富，因为最亲的人在家里，最爱的人在家里，最幸福的时光在家里，最基本的生活在家里，吃穿住行，前三个主要在家里。

家庭，是社会最基本的细胞，是最重要、最核心的社会组织，也是最重要、最基本、最核心的经济组织，还是人们最重要、最基本、最核心的精神家园，也是培养孩子最重要的地方，更是境教最重要的场所。

教育是培养人的精神长相。 家长和老师的使命就是让孩子逐步对自己的精神长相负责任，去掉可能沾染的污秽，培养孩子身上的精神"种子"。

家，给人以归属感，给人以安全感，给人以幸福感！

家庭稳，社会安；家庭天翻地覆，社会地动山摇。

但是，有的人为什么不愿意结婚？有的人为什么不愿意组成家庭？有的人为什么要离家出走？有的人有了家为什么还要拆分、劳燕分飞？有的人有了家为什么也不愿意回去？有的人有家却并不感到家的温暖幸福？有的人为什么对自己的家烦透了？有的人感到家影响工作、生活、学习，影响事业、影响身体、影响心情？为什么有的人有了家反而觉得不好？

俄国作家列夫·托尔斯泰说：幸福的家庭总是相似的，不幸的家庭各有各的不幸。

中国人早就说了：家家都有一本难念的经。

但是，已经有了家，再难念的经还得念！日子总得过！

特别是有了孩子的家庭，父母怎么样也得替孩子想一想！

家庭里每个成员都有责任和义务、都要担当，都有责任处理好家庭关系，都有责任齐家、治家，把家庭经营好。

我们要说，一个人：**抬头是梦想，梦想在天空，不断追求；低头是工作，工作在手中，努力而为；回头是家庭，家庭在心里，永远的召唤。**

一个人，你的事业再成功，官做得再大，钱找得再多，再多么风光光鲜，如果家里出了状况，也是很难受的！

父母要真爱孩子，可以有千万个做法，但首先是给孩子一个好好的家！

完整是第一要义！

除了客观原因不完整以外（病故、不可抗拒的外力作用），特别是父母要尽量给孩子一个形式和精神上的、充满爱意的家！

不完整的家之一：离婚。

2003 年到 2015 年，中国结婚率有升有降，但是离婚率只升不降。英国媒体称，离婚率正在中国各地快速上升，中国现在是世界上离婚最容易和成本最低的地方之一，只要双方谈妥条件即可离婚！

英国有篇文章说：2014 年中国有 360 万对夫妻离婚，这个数字是 10 年前的两倍多。同期离婚率（每 1000 人中的离婚案数目）也翻了一倍多，2015 年的离婚率为 2.7‰，远高于大部分欧洲国家，接近于离婚最普遍的西方国家美国的水平。而重庆 4.4‰的离婚率甚至高于美国。

根据民政部公布的统计数据显示，2014 年全国共办理离婚登记363.7 万对，比上年增长 3.9%。而"80 后"成为离婚大潮的主力军。

离婚率越来越高是好事还是坏事？是进步还是退步？

众说纷纭，莫衷一是！

为什么中国的离婚率越来越高？

有人这样说：

一是女性政治、经济地位的提高。

二是性观念的开放。

三是不同男女接触的机会越来越多。中国夫妻之间则缺了些什么。

四是工作越来越不稳定。

五是收入差别的进一步加大。

六是独生子女以自我为中心的个性是年轻夫妻离婚的重要原因。

七是夫妻间经济或社会地位的改变。

八是高学历的夫妻追求层次较高。

九是功利性的婚姻。

十是夫妻腻味。

有一位网友则从以下这些方面谈了原因：

一是这是个彰显个性的时代，人人都要去追求高质量的精神生活，不愿委屈自己。

二是当今社会物质丰富了，人的物质需求和交际应酬增多，夫妻间多了私心，少了信任。

三是两个人的成长环境不同使思想观念、生活习惯、对错标准不同，矛盾太多。

四是与上一代的矛盾，婚姻不但是两个人的融合，还是双方家庭的融合。家长对小家庭关注、干涉过多，如果和对方家庭矛盾不断，会影响两个人的感情。

五是现在的年轻夫妻独生子女多，习惯了以自我为中心被人照顾。

六是婚外恋的增多，现在社会男女关系日趋开放。

七是结婚、离婚手续的简化，都导致婚姻不稳定。

婚姻专家指出，与国外夫妻相比，中国人的婚姻容易缺少以下七样东西：

缺亲昵、缺情话、缺幽默、缺欣赏、缺沟通、缺童心、缺浪漫。

有人感叹：

人生苦短，但婚姻漫长，夫妻之路，其实很不平坦，夫妻要想"白头偕老"，感情其实只是一部分的原因，经济、地位、名利等各种诱惑无不在侵蚀着我们天下的所有夫妻，现在，有多少夫妻在幸福地生活，有多少夫妻在苦苦维持，有多少夫妻名存实亡……这或许只有自己进入"围城"之后才知道！

我们认为，夫妻双方有的人还缺乏两个东西：**责任的担当和后果的掂量！**

我们不反对夫妻可以离婚，也不一定赞成双方一旦结婚就不可以离婚。在中国，结婚和离婚，只要不违背法律（也有人认为还有道德），是很自由的！

我们也认为，夫妻双方如果确实没有感情、没有在一起过的必要，离婚未尝不是一件好事，未必一定就是坏事。

有人说，夫妻双方如果感情破裂，硬要绑在一起，就犹如一潭死水，时间越长越臭！这时离婚，对双方可能都是一种解脱，双方都可能获得新生！

我们不是婚姻专家，本书的重点也不是讨论婚姻问题。不过，我们认为，离婚一定要慎重，一定要考虑双方的责任，一定要掂量家庭、老人，考虑对对方的伤害，特别是要考虑对孩子的影响。

我们呼吁：夫妻双方，当你们要决定"劳燕分飞"时，就那么一刹那间时，当你们什么后果都考虑完了的时候，你们一定要再考虑一下你们的孩子！

更重要的是，当在夫妻双方共同生活的日子里，有可能让家庭关系破裂的那一次、那几次的理念和行为付诸实施前，再想想自己的孩子！

孩子是无辜的，最受伤害的是孩子——他们真正的是"躺着中枪"啊！

父母离异会影响孩子的身、心、成长，当然也会影响孩子的境教。

这个时候，草率离异的父母你扪心自问：你的行为是在爱孩子吗？是真爱的孩子吗？

人生啦，没有彩排，只有现场直播！

人生啦，什么药都有，就是没有后悔药！

夫妻关系影响孩子的性格。一个男人如果不尊重他的妻子，那么，他的儿子就学会了在学校不懂得尊重他的女同学。一个女人如果不尊重她的丈夫，那么，她的女儿就学会了在学校瞧不起她的男同学。

有调查显示：重庆某区的未成年人犯罪，50%以上来自离异家庭，大多数来自家庭的不良环境与影响。

有一个家庭，原本好端端的，夫妻双方都是大学毕业生，都在体制内工作，经济条件比较好，又有一个可爱的孩子。

在双方近50岁时，家庭发生了重大变故，夫妻离异了，产生了一定的负面影响：对家庭、夫妻、孩子。

这事看似结束了，但是，产生的影响还在延续。

比如，孩子长大了，比较内向，成人了，工作了，

工作条件也不错，但是在谈朋友问题上总是有一定的别样心理。

孩子的日记写到父母离异的事，并谈到：看到父母离婚的样子，看到妈妈离婚后的伤心样子，我今后还有结婚的必要吗？我结婚了会不会离婚？我受得了离婚的压力和痛苦吗？与其将来离婚，不如现在不结婚！

这种现象只是个案吗？应该不是！

这种影响只是一人吗？应该不是！

这种影响只是一段时间吗？应该不是！

孩子出现了不应该有的现象，责任在谁？主要在孩子吗？应该不是！

孩子为什么恨这个家

C女士比较漂亮，但夫妻双方关系不好，分居两年了，她准备通过法律手段解决离婚问题。

C女士怎么说？主要是丈夫认为她在外面与别的男人说了话，工作上的正常接触也被丈夫视为不端，动不动就对她施暴，"漂亮也成过错了"！

让C女士更受不了的是，丈夫在外面不正当的男女关系太多，并严重到坐牢了。

C女士还说了，更让人生气的是，结婚后多年来，丈夫基本上没有给家里提供经济费用。

呜呜~

天哪！别吵了！
父母当着孩子的面吵架，
对孩子心灵伤害太大了！

C 女士说，最让自己气不过的是，丈夫找的那个同居的并生了私生子的女人，长得很丑，还满脸的麻子！并说了这样一句话："你说找一个比我好看的女人我也想得过去呀！"

问题是，C 女士的儿子由此就内向了，23 岁成了宅男，不与外人交往，恨他的父亲，对他的母亲常说："烦！"

C 女士说，儿子也不愿意与母亲沟通。母亲叫他参加工作，还要给儿子买一套房子，要儿子谈朋友结婚。

儿子说，工作可以，给我买房子也可以，但是，为什么要我结婚呢？

  C女士非常忧虑的是，儿子说了这样的话："我为什么会生在这个家庭呢？我恨这个家！"

  C女士想到自己这个家，特别是想到自己儿子的情况，不仅仅是生气、担忧，而且经常一个人哭泣，以泪洗面，眼睛都哭肿了。

  C女士准备请教有关方面的专家，针对孩子的问题，她该怎么办？

  其实，这种家庭的父母，你能说他们不爱孩子吗？但结果是什么？与爱孩子适得其反了！这种家庭的环境教育，对孩子产生的负面影响是深远的，而且深入孩子的心灵里面去了。

  有的家庭虽然父母没有离婚，但是，关系很冷，夫妻双方回到家里，互相不理睬，没有热情、激情；有的是夫妻双方很理性，很礼貌，很讲道理，好像是在公事公办，好像是办公室里的同事，没有爱的表达和相互的依恋，不像是爱人。夫妻双方貌合神离、同床异梦。

  这样的家，这样的家庭环境，表面上看是完整的，但实际上，给不了孩子在精神上的好处和成长的温暖，这仍然是一个不完整的家。

  有的家庭，本来是完整的，但是，被家庭的主要成员——父母"齐家"、治理、经营得不好，甚至破坏了，结果家不成其为家。

  重庆某家庭，父亲犯罪坐牢了。

  还剩母亲和两个儿子。

  母亲是一个什么样的人呢？举一例可"管中窥豹"。

这位母亲在外面给人的印象是蛮横不讲道理，经常当众撒泼。

有一次，她在大街上当众滋事，被警察劝导。但此母亲不听劝导，警察劝阻无用，此母亲更是撒泼到了极点：竟然当街、当众，也当着这位男士警察把自己的衣服裤子脱光。

后来，她家的大儿子也犯罪坐牢了。

再后来，她的二儿子未成年又犯罪了。

这样的家庭，是什么样的家教？是什么样的境教？对孩子产生了什么样的负面影响？可想而知！

给孩子一个完整的好家来进行良好的境教，我们有以下一些建议：

一是夫妻双方要恩爱，夫妻恩爱是和谐家庭、良好家教、境教的关键。

二是夫妻双方能在一起过日子的，就尽量在一起过，既是为了夫妻双方，为了双方的老人，更是为了自己的孩子。

三是夫妻双方如果实在不能在一起过了，最好来一个"好说好散"。在电影《非诚勿扰》中，不是有一个"离婚典礼"吗？夫妻离婚，对双方未必是坏事，那就愉快地结束婚姻，不要闹得像仇人似的，怨恨多多的。尽管终究有一方是不对的，甚至错误很多，或者双方都有过错。虽然离婚了，但还有孩子存在呀！如何再次面对孩子呢？孩子今后的教育、成长怎么办？好说好散吧！双方还可以成为朋友，毕竟有过一场婚姻也是缘分！

四是夫妻离婚后，可能各自有了新家，可能有的不再组成新家，但离婚的双方，不要去教育孩子仇恨原来的父亲或母亲，因为血缘关系是永远改变不了的；而且，不要让孩子从小埋下仇恨的种子。

（3）父母要教育孩子有爱心，这是境教的核心

父母爱孩子，非常重要的是对孩子进行爱心教育。

爱心教育要求父母必须走进孩子的情感世界，将全部的情感投入在孩子身上、心上，这是一种真心的付出、真情的付出。

这种感情既在心里，还要通过某种形式表现出来。

父母用爱心影响孩子，父母有爱心，对孩子的影响很大。

父母既要对孩子进行爱心培养的言传，也要对孩子进行爱心培养的身教，更要对孩子进行爱心的境教。

父母的爱心，会传染、传导、传递给孩子。

比如，父母自爱，孩子会跟着学习自爱。父母能爱他人，孩子也可能学会爱他人。人们经常说的这个孩子有"家教"，主要就是说的这个方面。

自爱者，他爱！

爱心是一个需要慢慢培养的过程。家长也要从点滴的小事做起，比如尊敬长辈、同情弱者等，这些都是爱心的表现。

第一，爱国为第一爱心。

父母一定要爱国，更教孩子一定要爱国。

把"儿不嫌母丑，子不嫌家贫"的道理讲给孩子听，多讲一些古代和现代的爱国故事给孩子听，推荐一些爱国的书籍给孩子看，从小在孩子的心里就种下爱国的种子，让孩子的爱国种子在他的幼小心灵里开花结果。

孩子的提问

一个家里，父母都很爱国，也经常通过多种形式对孩子进行爱国主义的教育。

有一天，家里的一个小孩子突然问父母："爸爸妈妈，世界上哪个国家没打过我们中国？"

爸爸妈妈都感到很奇怪，当即反问孩子："儿子，你为什么提这样的问题？"儿子说："我很想长大了留学，多学一些知识报效祖国。"

爸爸妈妈说："那是好事，我们支持你！但这与哪个国家打我们有什么关系？"

孩子又说："但是我留学只到对我们友好的国家去，打了我们的国家，现在还对我们不好的国家，我绝不去留学。"

爸爸妈妈听了孩子的话，虽然觉得不一定那么绝对，但是却很感动。

第二，尊重为重要之爱心。

父母孝敬老人，友善邻里，关爱他人的言行，会为孩子树立好的榜样。

有的年轻夫妻常喜欢斗嘴，或吵吵闹闹，互不尊重。

有的父母本身不尊重老人，当两代人对某种事物的看法不一致时，张嘴就说："你懂什么，整个一个老帽儿。"

还有的父母对带宝宝的家政阿姨不尊重，呵斥来呵斥去的。

有的父母不尊重孩子，没有把孩子当人对待，总是训斥、指责。

小孩子不懂事，以为生活本身就应该这样，就会不知不觉地模仿父母的言行。

让　座

湖南有位陈女士，多年前她带着 3 岁的女儿乘坐公交车。

由于车上空座较多，她和女儿各坐一个位子。

可是，当车上满座以后，又上来一孕妇，正好站到女儿身边，女儿看看孕妇又看看妈妈，一副迟疑的样子，妈妈知道女儿心里很矛盾，于是妈妈起身将座位让了出来。

妈妈的举动影响了孩子，女儿羞愧地站起来说："妈妈您坐。"

从那以后，"让座"便成了这个孩子的习惯。

第三，感恩为爱心之重点。

父母要在家里着力营造感恩的氛围，让孩子从小就浸润在感恩的环境里，这很有必要。父母应根据孩子的年龄，适时地营造感恩的氛围。

比如：春节带孩子给爷爷、奶奶和姥姥、姥爷拜年，告诉孩子爷爷奶奶、姥姥姥爷把爸爸妈妈抚养成人多么不容易，没有爷爷奶奶、姥姥姥爷就没有爸爸妈妈，对爷爷奶奶、姥姥姥爷要加倍尊敬。

亲属长辈送孩子节日礼物时，要孩子表示喜欢和感谢，细心保管，珍惜别人的情意。

还可以让孩子给长辈寄送贺卡，或者在节日的喜庆气氛中，给长辈表演唱歌跳舞等小节目，表达美好的祝福。

在父亲节和母亲节，引导孩子对爸爸妈妈说几句感激的话，感谢爸爸妈妈一年来为工作、为家庭所付出的辛勤劳动。

其实，不在乎孩子祝愿话语的词汇多少，父母都要给予赞赏，使孩子始终感觉对人友善付出，就能得到幸福和温暖。

而且在生活中处处不要忘记感恩。生活是幼儿最好的学习平台。父母要注意在家庭生活的每一个细节之中渗透爱的教育，培养孩子的感恩之心。

例如：奶奶做了香喷喷的肉包子，你要告诉孩子肉包子好吃，应该谢谢奶奶；隔壁小哥哥拿来新图画书给宝宝看，宝宝要主动表示感谢；下雪天，邻居帮家里买了菜，妈妈带孩子一起登门道谢，让孩子感到邻里之间互帮互助的情谊。

又如：妈妈带孩子上街，看到清扫马路的清洁工阿姨，要给他讲清洁工阿姨每天清晨天还没亮就出来扫地，给大家创造了干净整洁的环境，我们不能随手乱丢废纸垃圾。

再如，吃午饭时，告诉宝宝白米饭和各种蔬菜都是农民伯伯辛苦劳作种出来的，千万不要浪费。

要告诉孩子，我们要感激那些给社会创造财富、给大家带来幸福生活的人。

当着孩子面进行一些慈善捐献，这对孩子爱心的培养也是有好处的。

生活环境越来越好，无忧无虑的孩子可能会缺乏爱心，父母应该在日常生活中以身作则为孩子树立榜样，从生活中的小事对孩子进行引导。

第四，父母要呵护孩子的良知。

孩子都应该有良知，如果没有了良心、良知、良善，孩子的爱心就全部没有了。

良知显现

有一位初一学生放学回家，在公交车上看见一个小偷正将手伸向一位阿姨的挎包，连忙使劲对阿姨眨眼暗示，阿姨很快会意，采取措施保护了自己的财产。

这个初一的学生回到家里高兴地将此事告诉妈妈。可是，她的妈妈听了后，非但不表扬孩子，还狠狠地教训孩子："就你会逞能！没准哪天你小命不保！"孩子与妈妈据理力争，因为孩子觉得，社会责任感是衡量一个人道德水准的重要方面，而培养良好的道德品质必须从小开始。而且，当自己遇到困难和危险的时候，不是也希望有人能伸出援手吗？

第五，让孩子体验困苦并学会爱。

有的孩子之所以没有爱心，一方面是物质生活环境太优越，另一方面是父母创造的爱心培养环境不好。

某女士讲了她家孩子的事情

她的儿子读小学四年级，生活在"蜜罐"里的儿子却一点儿也不懂得关爱别人。每次在一起看电视，当这位女士看到电视里弱势群体艰难地生活或者互帮互助的动人故事时，往往忍不住跟着抹起眼泪。而在一旁的儿子对此则不屑一顾，说没有什么感人的。

平时，儿子的生活全靠父母照顾，但是，儿子一到学校就丢三落四，三天两头丢了衣服、文具、水壶。

有一次，这位女士在学校的家长会上了解到，学校刚刚举行了向灾区捐衣物的活动，但这位女士却从来没听儿子提起过。回家一问儿子，儿子说我自己的东西干吗给别人。

这件事让这位女士意识到儿子的冷漠无情，如不及时进行教育引导，将不利于孩子身心健康成长。

这位女士想，孩子之所以这样冷漠，是因为他从小生活在富足的环境中，根本体会不到他人的贫困、不幸。

暑假即将到来，这位女士下决心把孩子带到艰苦的农村，让他接受磨难教育。当时这位女士正好到张家界采风，便带着儿子到张家界的贫困农村过了一个月。当儿子看到偏远农村的孩子穿着破烂的衣服、吃着酸菜拌饭，农村的孩子一支铅笔用到一寸长还舍不得丢掉，甚至还有不少孩子读不起书时，儿子终于流下了眼泪。

一个月的时间里，儿子吃了不少苦，了解了农村孩子的贫困生活，还主动与几个农村孩子结为"对子"，把自己的零花钱和喜欢的文具送给他们。

通过现实的体验和家庭、学校的教育，现在学校一有互帮互助的活动，儿子总是最积极的一个。

锻炼前

我自己的东西干吗要给别人！

看来应该把这个孩子送去艰苦的农村锻炼锻炼了

学校举行向灾区捐衣服的活动怎么没有听你提起过？

锻炼后

这是我的文具和零花钱，送给你们。

哇，谢谢！

第六，为孩子提供奉献爱心的机会。

比如：

让他们做一些简单的家务，教育孩子关心照顾虚弱生病的亲人；

教育孩子每天问候老人；

给老人让座；

把跌倒的小朋友扶起来；

新闻报道有人缺钱做手术，生命垂危，家长带孩子去捐款，献上一份爱心……

爱心只有落实到具体的事情和人身上，才能得到及时的强化和反馈，感觉到快乐和幸福，才能巩固爱的行为，丰富爱的感情。

父母在创造孩子表达爱的机会和条件时，对孩子的助人行为和同情心等爱的表现，应该给予及时的鼓励，使他们感到无限的快乐。

第七，保护孩子的爱心。

在爱心的境教中，大多数是父母对孩子的爱，献出爱心，好像这也是天经地义的，习惯了对孩子爱的付出。其实，爱心是双向的、多向的。

当孩子为家庭成员付出爱时，有的父母会因为心疼孩子而做出"拒绝"的行为。其实，父母们并不知道，这样做有时反而会深深伤害孩子表达爱的积极性。

家长们应谨慎、小心地保护孩子最初的爱心。

这里的"最初的爱心"，是因为孩子们还很小，表达爱的主动性还非常脆弱，十分容易因为成人的拒绝而退缩，不敢再主动表达爱，甚至不愿意再主动表达爱。

为避免这些问题，当孩子主动表达爱时，家长要欣然接受，使孩子的爱心有机会得到发挥。

有时候，家长们由于工作忙或其他原因，对孩子表现出来的爱心或视而不见，或训斥一番，把孩子的爱心扼杀在萌芽之中。

孩子的爱心行动

有个小女孩为刚下班的妈妈倒了一杯茶，妈妈却着急地说："去去去，谁用你倒茶！快写作业去！"

后来，小女孩自己在边看电视边吃妈妈削好的苹果，妈妈在干家务活，累得满头大汗。小女孩就对妈妈说："妈妈你歇会儿，我来帮你干活，你也吃个苹果吧。"妈妈说："我不累，你吃吧。"

小女孩非常失望。

其实这位妈妈的做法是不妥的，她爱孩子，孩子也爱她，为她送茶水，请她吃苹果。孩子拥有了对妈妈的爱，也用一定的方式表达出来了，而这位妈妈却没有接受孩子的爱，也许就在这充满爱的拒绝中，遏制了孩子爱的萌动，让孩子认为父母不需要他们的爱。

著名儿童心理学家和教育家卢勤老师说："孩子的爱心是稚嫩的，你在乎它，它就会长大；你忽视它，它就会枯萎；你打击它，它就会死去。"

当家长的，特别是父母们，如果你想拥有一个富有爱心的孩子，

让孩子的"精神长相"更好看，那就请你在营造的环境教育中，发现它、珍惜它、呵护它、保护它、培育它。

2. 抓住两大重点

家庭环境教育孩子，要紧紧抓住两大重点。

（1）情商

孩子的情绪情感、心情心态，在家庭环境中要尽量培养好。

狭义的情商教育，主要是孩子情绪情感的塑造和培养。

根据丹尼尔·戈尔曼教授的看法，主要在于培养五大情商能力：

第一，认识自身情绪。

第二，妥善管理情绪。

第三，自我激励。

第四，认识他人情绪。

第五，人际关系的处理。

我们认为，广义的情商包括的内容就更多，比如：

认知、感知、感受、感觉情绪情感的能力。

控制、驾驭、管理、约束情绪情感的能力。

理解、表达、传导、感染情绪情感的能力。

宣泄、发泄、转移、移入情绪情感的能力。

调节、调整、调动、激发情绪情感的能力。

美国有一个龅牙兔儿童情商教育机构，在中国有 100 多家分支机构，它们对孩子进行情商教育的主要内容有以下这些方面：

第一，自信心。

第二，情绪管理。

第三，自律。

第四，独立性。

第五，专注。

第六，挫折抵抗。

第七，责任感。

第八，社会交往。

第九，同理心。

第十，问题解决。

以上这些方面的情商教育和能力提升，是共性的、普遍性的内容。

其实，每个家庭、每个家长，针对不同的孩子，情商教育应该有不同的内容。因为孩子们的情况是千差万别的，而且每个家庭的环境、每个父母的层次以及素质素养也是不同的，每个家庭要不要对孩子进行情商教育、怎样进行情商教育、教育孩子哪些方面的情商，是有很大差别的。

所以，每位家长还要根据孩子的情绪情感等方面的不同特点，根据家庭里的具体情况，选择不同形式的情商教育内容。而且在孩子不同的成长时期，也可以选择不同的情商教育内容。

这么多的情商教育内容，家长们选择哪些呢？有没有一些重点呢？

家长注意观察孩子在情绪情感薄弱的地方，就是我们要选择的重点内容。

但是，我们认为有三方面重点内容可供父母选择。

第一，人格、品格。

人格、人品、品格、性格，对于孩子来说，对于孩子的教育来说，特别重要。**"人品决定产品。"**

风水好不好（微信中淘得）

有一个人，请了风水先生去看风水，在去往他家墓地的途中，远远看到墓地的方向，鸟雀纷飞，惊慌失措。

于是，他告诉风水先生："咱们回去吧，这时候鸟雀纷飞，肯定有小孩在摘杏呢，我们去了，惊扰他们事小，失手跌落下来事就大了。"

这位风水先生听了这番话，对请他看风水的人说："你家这风水不用看了，就你们这样的人家，干什么都会顺顺当当。"

请他看风水的人很奇怪，就问风水先生为什么。

风水先生告诉他："你不知道吗？人间最好的风水是人品。"

就业面试（微信中淘得）

有一个女孩子毕业于某师大，学的韩语专业，又特别选修了国际贸易。

毕业后找工作，某公司进行笔试面试。这个女孩跻身最后三名候试者之列，但这个企业只录取一名。

最后一轮面试的时候，除了她这个普通师大毕业的，还有 Z 大学毕业又在韩国留学了半年的，另一个是 S 大学毕业的，也是韩语专业。面试前，她不停地帮助那两个人，或出主意，或帮助提建议如何回答问题。

最后轮到她面试，主考官问她："你难道不知道那两个人都是你的对手吗？他们中间有一个被录取，你就被淘汰了！"

女孩子笑笑说："我知道，可是我觉得这个位置可能更适合他们。"

主教官又问："为什么？"

女孩子答道："因为他们一个比我有经验，一个比我有能力。你们需要的，就是他们这样的人才。"

主考官听了，当场告诉她："我们需要她们这样的人才，却更需要你这样的人品！你被录取了！"

这个女孩工作了一段时间后，因为她的口语好，又学过国际贸易，很快就被调到人事部。

其实，这个女孩相貌平平，而且个子矮小，因而有人问她："以你这样的学历、这样的相貌，这么快就升到人事部，得有多硬的关系啊？"这个女孩笑而不语。

在社会工作中，再硬的关系，也硬不过好的人品。所有的成功，都是做人的成功。

我们发现，在家风家教中，在各年级的学校教育中，品格教育特别重要。

人格的塑造，远远超过知识学习的多少。

人格、品格的教育，实际上就是做人的教育。知识学了不少，但不会做人，那并不能说家长教育孩子是成功的。

友人的孩子即将出国留学

一要好的友人，是某餐饮企业的老总，家产颇丰，准备把儿子送出国学习，选择了美国。

亲朋好友来了不少。在欢送宴上，只见父母二人对儿子千叮咛万嘱咐，都讲了些什么呢？要孩子好好学习，好好读书，把这个文凭拿到，把那个学历拿到。说了后又重复说，说了好多遍，只见儿子一个劲儿地点头。

后来，席桌上的曾教授说话了："老总，我认为第一位的是孩子在国外把人做好。几年后，一个好人品人格、身体健康的儿子回来，这比什么都重要。"

其实，很多在国外留学的孩子，在国外到底干了些什么，父母并不一定知道。有的孩子自觉、自律，文凭拿到了，知识学到了，人格也塑造得好。但也有一些孩子却与之相反。

所以，教育孩子，特别是情商教育孩子，人格、人品第一！

曾教授先后指导了200名左右的硕士、博士，曾教授要求弟子们：

上课时，人家迟到早退，你不能迟到早退；人家逃课，你不能逃课；人家上课看杂志和无关的书籍，

你不能看；人家上课打手机、发短信、看微信，你不
能这样做；上课时要尽量坐前排；上课时，你要主动
积极争取发言；下课时要为教师主动擦黑板、倒开水。

其实，这些小事也就是学生、孩子们的人品人格，
也就是情商。

第二，心情、心态。

心情心态，是典型的情商。

曾教授写作出版了一本比较畅销的书——《让心态更阳光》，书
中讲了"心态竞争力"，讲了**"心态决定状态，状态反映心态"**。

心态对孩子的成长、成才、成人意义重大，心态决定孩子的一生！
决定孩子的人生、生命、事业、工作、学习、生活、情绪情感，决定
孩子终生的价值观、世界观、人生观，甚至决定孩子一辈子幸福与否、
快乐与否。

要让孩子有一个好心态、阳光心态，并让好心态伴随孩子终身，
首先是父母的心态要阳光。

父母的心态、情绪情感，对孩子的影响很大，是一种潜移默化的
影响。

孩子的情绪为什么变坏了

一个小女孩，读小学三年级，学习成绩在全班名
列前茅，人也活泼可爱，而且与同学的关系很好，老
师和同学们也很喜欢她。

但是，一段时间以来，这个女孩的性格变了，不愿意与人交流，胆儿特别小，桌子板凳搬动一点响声她都会发抖，有时候会蹲在教室角落不说话，一蹲就是很长时间，成绩也下降了。

同学们问她，她只是摇头，眼里噙着泪水；老师问她，她也是这样的表现。

一次，老师家访到了这个女孩的家，正碰上这个孩子的父母在吵架，相互摔碗摔盆，打桌子敲板凳，只见这个女孩就蹲在屋子的角落，眼睛里含着泪花，身体一直在颤抖。当她的父母每摔一次碗盆、每敲打一次桌子板凳什么的，这个女孩子也就随之抖动一次。

经过了解，老师知道了，一段时间以来，这个孩子的父母经常为一些事这样吵闹、摔东西。老师终于明白了这个女学生这段时间发生种种变化的原因。

对孩子进行情商教育，让孩子有一个良好的心态，父母自己要有好心态。

比如，不要给孩子太多太大的压力，比如当父母的要教育孩子有平常、平和、平静、淡定、静心、进取、积极、知足的心态，有宽容、欣赏、给予、分享、共享的心态，有同情、关爱、帮助的心态，特别要有善良、感谢、感恩的心态。

当孩子哭了、闹情绪怎么办？

2016年1月13日"儿童心理课堂"中有一篇文章，觉得很不错，摘录供读者分享：

当孩子哭了，父母怎样处理？你的第一句话是什么

一天，一群年轻的妈妈带着孩子一同秋游。正是秋高气爽的时节，妈妈们在树荫下闲聊。亮亮和萌萌在一旁吹着泡泡水。彩色泡泡慢慢飞向天际，孩子们高兴得咯咯直笑。

突然，这两个孩子被绊了一跤，一起摔在了地上，泡泡水洒了，两个孩子不约而同大哭了起来。

两位妈妈连忙跑过来。亮亮妈妈连忙把孩子拉起来，训斥道："哭什么哭，多大点事！那么多阿姨和小朋友都看着呢，你羞不羞！"亮亮继续哭，不理睬妈妈。

亮亮妈妈又说："再哭，妈妈就不喜欢你了。"妈妈露出了严厉的表情，亮亮不敢哭了。

另一位妈妈呢，萌萌妈妈抱住萌萌，说："这真的是太难过了，泡泡水竟然洒掉了，你一定很伤心，来，让妈妈抱抱。"

萌萌委屈地抱着妈妈大哭，妈妈没有再说话，只是轻轻地拍着孩子的肩膀表示安慰。

没多久，萌萌自己停止了哭泣，很快就忘记了刚才的不快，拉着亮亮一起去采花。萌萌采了花送给妈妈，而亮亮一直不高兴，捏着小花一直不说话。萌萌妈妈问："亮亮，怎么不去给妈妈戴花呢？"亮亮低着头不说话，好久才说："我怕妈妈不喜欢。"

"儿童心理课堂"是这样评论的：

情绪经常被接纳的孩子，他们的性格一般比较平和、与父母的关系也比较亲近；而经常被阻止宣泄的孩子，他们的内心是压抑的，有什么话也不会对父母开口，亲子关系也往往不是那么亲密。

家长不要强硬地制止孩子哭泣，孩子情绪不好时，父母需要做三步：

一是父母调整自己情绪。

"其实孩子哭的时候，最先需要处理的是家长的情绪。"德国心理学家卡罗拉·舒斯特－布林克是这样认为的。

孩子的哭闹会让父母处于一种特别状态，让许多家长怀疑他们为人父母的能力，所以，父母会对孩子的哭泣紧张、排斥、反感。

接纳孩子情绪的前提是父母要调整情绪。这正是父母情商提高的重要表现。要提高孩子的情商，父母自己的情商首先得提高。

二是接纳孩子的情绪。

孩子哭泣时，不要打断，也不要呵斥，你只需要留在他们身边，轻拥着孩子，不要急于发表意见，你只需让孩子知道，无论发生什么事，爸爸妈妈关心你的感受。等孩子发泄完就会停止哭泣，而不需要别人的呵斥才中断。这恰恰是父母善于用高情商的方式来育子。

三是启发孩子自己解决问题。

找到孩子哭的原因，然后启发孩子自己解决问题，帮助孩子心情好起来，但如果孩子提出无理要求，父母要坚决说"NO"。这正是情商教育中的问题解决能力。

"儿童心理课堂"继续这样分析：

　　有的父母不允许孩子害怕，如果孩子说怕恐龙，妈妈就说："那有什么好怕的，都灭绝了。"如果孩子说怕黑，父母会说："妈妈都不怕，你也不用怕。"这些话给孩子的暗示是："妈妈不喜欢我害怕，害怕是不好的行为，我不应该害怕，否则妈妈就不爱我了。"

　　为了取悦父母，孩子在想哭泣和害怕时，就会压抑自己，犯了错会撒谎，遭受欺负会隐瞒不报。如果在父母面前都要戴上假面具，孩子在哪里才可以做真实的自己呢？情绪压抑久了，一旦爆发，就会造成难以想象的后果。

　　当一个孩子哭了，父母不要急于去哄孩子，因为那样的话，孩子就会利用父母的这个特点经常纠缠父母，提出更多的要求。

　　家长不应该制止孩子的哭泣，可以选择坐在孩子身边陪伴他，给孩子哭的权利。等孩子哭够了，说够了，再从理解的角度跟孩子进行言语交流对话，孩子的情绪天平就会逐渐达到平衡，家长也更容易与孩子进行有效沟通，长此以往就能培养出孩子积极向上的情感能力。

　　这正是育子环境中重要的情商环境。

　　第三，习惯。

　　小孩子的习惯很重要，往往比学多少知识可能更重要。帮孩子养成快乐的习惯，才是最重要的家教。

　　习惯与智商因素没有太直接的关系，所以，我们把习惯划入大情商之列。

理发师的两个徒弟

理发师有两个徒弟。大徒弟忠诚老实，虚心好学；二徒弟比较随意，人也算是聪明的。

一开始，师傅让他们在冬瓜上练习手艺，用剃头刀刮冬瓜。大徒弟认真地在冬瓜上刮着，一丝不苟，把冬瓜当作一个真正的人来理发。每次练习刮完冬瓜后，都要把刮过的冬瓜用干净的毛巾擦洗干净，然后把剃头刀也擦干净，整整齐齐地放在箱子里。

二徒弟见了师兄的所作所为，觉得好笑，这不就是一个冬瓜吗，又不是真正的人，干吗那么认真。所以，他每次在冬瓜上理发，用剃头刀刮冬瓜，不是太认真，刮完冬瓜后，洗得不太认真，也不太干净，用擦巾随便地那么一擦了事。而且，剃头刀也不擦干净，随便地把剃头刀往冬瓜上这么一扎，动作还很潇洒。

大师兄见了，一开始是说说这位师弟，多说几次，师弟也不高兴，大师兄也就懒得再说了。

一段时间后，二人的手艺学得差不多了，要正式给顾客理发了。

只见大徒弟手执剃刀，按照师傅要求的刮冬瓜的要领给顾客理发，头刮得干净，洗得干净，擦得干净，顾客很满意。大徒弟再把理发工具，特别是剃刀洗干净后，放到了工具箱里。

二徒弟也上场正式给顾客理发了。还是像平时给冬瓜刮一样，刮得不太干净，洗得不算干净，擦得不

太干净。最重要的是，他为顾客刮完头后，剃刀并没有擦干净，最关键的是，他给顾客理完发，顺手把剃刀像平时往冬瓜上那么一扎，扎到顾客的头上了。

这两位徒弟平时养成的习惯不同，到后来，产生的理发效果也就不同。

习惯，就是积久养成的生活方式。

习惯可分为好习惯、坏习惯，有的是恶习。

习惯成自然，可能美，也可能与美相反！即所谓久闻其香不香，久闻其臭不臭。

特别是比较小的小孩，习惯很是重要。

小孩子的习惯

有人问一位诺贝尔奖得主："您获得如此重大成就，让您受到最好的教育在哪里？一定是在大学吧？是哪一所大学？是什么样的教育？"

这位诺贝尔奖得主答道："幼儿园。"

众人不解，又问："为什么？"

这位诺贝尔奖得主回答："在幼儿园，我学到把自己的东西分一半给小伙伴；不是自己的东西不要拿；东西要放整齐；吃饭前要洗手；做错事要表示歉意；午饭后要休息；要仔细观察大自然。""在幼儿园让我养成了良好的习惯，让我知道了什么事能做，什么事不能做。"

显然，儿时养成良好习惯对人的一生具有决定性意义。

有一位同事对我们讲，他的小孙女，小时候总是不好好吃饭，为了让孩子能好好吃饭，家长想了一个办法：让孩子一边看儿童电视"巧虎"一边吃饭。

孩子很高兴，吃饭也乖乖地了。

但是，孩子就养成了一个习惯，每次吃饭必须看"巧虎"，否则不吃饭。有一次，全家到外面餐厅吃饭，还有不少客人在饭桌上，这个小孩也去了，坐在桌子旁边，就是不吃饭，因为没有"巧虎"！而外面餐厅根本不可能有"巧虎"可看，于是这个小孩又哭又闹，弄得主人和客人都很扫兴。

家长给这个小孩梳辫子，小孩子也是调皮不好好梳。于是，家长就给孩子玩手机，一边玩手机一边梳头。但是，久而久之，这个孩子没有手机玩是不愿意让人给她梳头的。就算实在没有手机而又答应梳头了，这个孩子也会让自己摇头晃脑。

现在全社会基本上形成了一个共识：好习惯往往比知识更重要。而且，习惯好了，也有利于多学知识、学好知识。

遍观各种学校教育，普遍拔高：

幼儿园教孩子学小学的东西；

小学就教初中的东西；

初中就教高中的东西；

高中就教大学的东西；

而到了大学，反过来教幼儿园的东西：过斑马线看红绿灯，上课不要迟到、不早退、不旷课。

这些东西是大学才需要学的吗？基本的行为规则，幼儿园、小学就应该学好，养成好习惯，进行必要的习惯方面的教育。

这不仅仅是教育的错位，更重要的是反映了整个社会的教育理念问题。

而且，许多学校教学，重在智育，重在知识，重在技能，但做人方面教得不够，情商教育不够，好习惯养成的教育亟待加强。

青少年研究专家孙云晓指出：**"习惯决定孩子的命运。"**

习惯的力量是巨大的，人一旦养成一个习惯，就会不自觉地在这个轨道上运行。如果是好习惯，则会终身受益；反之，就会在不知不觉中害你一辈子。通常人们说一个人素质不高，往往就是因为这个人有许多坏习惯。

有研究表明，孩子出生后就应该让其养成好习惯。睡觉、吃饭、走路，等等。特别要注重3~12岁这个阶段，这是一个人形成良好行为的关键期，12岁以后，孩子已逐渐形成许多习惯，新习惯要想扎下根来就难多了。

有教育专家认为，孩子的成长有三个关键期：第一个是3岁前后，第二个是9岁前后，第三个是在13岁前后。如果错过了成长的关键期，后患无穷。

教育专家认为，不是三十而立，而是"三岁而立"。孩子三岁前后，就必须建立自食其力的勇气和习惯。凡是自己能够做的，必须自己做；凡是自己应该做的，当尽力去做。

能力与习惯相比较，家长们应该把重点放在孩子的良好习惯培养上来。

孩子的习惯很多。既要孩子养成良好的学习习惯，更要让孩子养成礼貌、善良、分享、诚实、积极、大方、和气、活泼、与其他孩子和谐相处的好习惯。养成按时进餐、不暴饮暴食、少吃零食、不偏食的良好习惯。

朋友家有了孩子，请了一个月嫂。这个月嫂年轻，有文化，性格开朗活泼。朋友家都觉得这个月嫂不错，一个月后，朋友家便用高薪留下了她，希望继续带孩子，作为育儿嫂。

一段时间后，朋友家发现有问题了：这个月嫂、后来的育儿嫂，她爱看电视，特别钟爱电视剧。她经常把婴儿抱在怀里看电视剧，有时候晚上看到 11 点多钟。婴儿虽然在她的怀中也能睡着，但睡得不踏实。

于是，朋友家商量了一下，决定换了这个育儿嫂，聘请了另一位育儿嫂。

后来的这位育儿嫂，虽然文化、性格等方面不及前面那一位，但她晚上不看电视，到了晚上 8 点，就给孩子洗漱完毕一起去睡觉。久而久之，孩子养成了习惯，到了晚上 8 点钟就去洗漱，9 点钟前一定睡觉。孩子到了三四岁，一直都是如此。

所以，要让孩子有好习惯，包括生活、学习、与人相处等，家长包括家政阿姨，都要有好习惯。

怎样才能让孩子具有良好的习惯？

一是父母要有好习惯，从而影响孩子。

二是让孩子养成好习惯，就是孩子教育领域盛行的"养成教育"。

三是教育孩子自己形成好习惯。

四是纠正孩子的一些不良习惯。

五是有一定必要的强制措施让孩子养成良好习惯，比如规则，让孩子知道什么事情该做，什么事情不该做，养成自觉遵守规则的习惯。

六是采取必要的激励措施让孩子养成好习惯。

公共汽车站的栏杆

公共汽车来了，乘车的人可能一哄而上，结果秩序大乱，要么大家都上不去，要么上去却误了时间，或者是老弱病残上不去，还有扒手可能趁机作案。

怎么办？

在公共汽车候车处设置了栏杆，让大家排队上车。但是，栏杆设置好了，许多人还是不排队，在栏杆外面挤。

怎么办？

于是，就让戴着红袖笼的人前来维持秩序，强制性地让乘车的人进入栏杆排队乘车。

久而久之，大家养成排队乘车的习惯了，自觉进入栏杆排队。

再到后来，哪怕没有栏杆，大家也会自觉排队上车了。

这就是一种习惯的养成，从不自觉到自觉。

从小养成好习惯，是孩子教育的老传统，也是孩子教育的新理念。

培根说："**习惯真是一种顽强而巨大的力量，它可以主宰人的一生，因此，人从幼年起就应该通过教育培养一种良好的习惯。**"

习惯成自然，自然就美，顺其自然，就是应该做的事了。

习惯是强制性和自觉性的结合体。

专家说："如果良好的习惯是一种道德资本，那么，在同样的程度上，坏习惯就是道德上无法偿清的债务了。"

余世维先生的讲座，我们很喜欢。喜欢的理由很多，其中之一，就是他的案例很多，有相当多的是他身边的一些小故事形成的案例。

他曾经讲过这样一个故事，我们认为很能说明如何通过教育建立责任感，培养自觉、自动自发的习惯。

我们演绎一下余先生的一个故事。

抬桌子的习惯

有一个亚洲国家，学生到了起跑线上的竞争：幼儿园。也就是想办法把自己的小孩送到优秀的幼儿园里去，否则，今后到优秀的小学、优秀的初中、优秀的高中、优秀的大学学习，可能性就小得多。

一次，许多家长带着自己3岁左右的小孩来到了一个优秀的幼儿园。

由于这是一个优秀的幼儿园，所以，对来园入学接受教育的小孩子不是来者不拒，而是要经过考试，合格的、优秀的小孩子才会被接收。

小孩子的长相差不多，叫不准名字，就给他们编号，8个小孩子一组，以多种形式考试。

首先是对众小孩一个个提问，问他们叫什么名字，爸爸妈妈叫什么名字，家住哪里，门牌号码，能认识多少字，等等。把一个组里的小孩都问完了后，差距也就出来了。

接下来，就是让这个组里的小孩做游戏，让小孩子们玩，幼儿园的老师就要在旁边认真观察，不时还用笔在纸上记录些什么，主要是看小孩子们在做游戏中是否太自私、是否帮助他人、是内向还是外向等，把各种表现都记下来。因为在游戏中的表现比提问得到的信息更真实可靠。

当游戏做到一定时间，幼儿园的老师就问这个组的孩子："小朋友们，你们看，那是什么？"

老师用手一指屋子的一边，小朋友们一看，是一张小圆桌子，齐声回答："圆桌子。"

老师说："很好，小朋友们连圆桌子都认识。"

"小朋友们，老师请你们帮助我们做一件事，一起去把这张圆桌子抬到隔壁屋去，好吗？"

"好的。"孩子们回答。

大多数孩子上去抬，只有3号小朋友不去抬，"作壁上观"。

抬完了，老师又让小朋友们做游戏，老师又继续观察。

游戏做完了，各种考试结束了，老师们商量了一番后，当众宣布录取的小朋友有哪些，当然，3号不在之列。

原因很清楚，是他的主动精神不够，合作精神不够，主要还是责任问题。3号的家长很难堪，把3号小朋友领回去后，天天就教育孩子：你连桌子都不去抬，这点责任都不愿意承担，没有团队合作精神，长大了能指望你赡养爸爸妈妈，为爸爸妈妈承担责任吗？能指望你为自己的学习和工作承担责任吗？能够为我们这个国家和民族承担责任吗？

天天教育，并且让孩子做一些主动承担责任的小事，逐步养成了好习惯。

一段时间后，这位家长又带着 3 号小朋友到另一个优秀幼儿园去进行入园考试。

老师也是这样编组，也是这样一个个提问，问的内容大体相同。也是开始做游戏，老师们也是在旁边观察并记一些东西。

做游戏到一定时间，老师又开始向小朋友们说："小朋友们，你们看，那是什么？"

这次可能不是圆桌子，可能是方桌子，或者是其他什么的，也是要大家搬到另一屋去。

老师刚用手一指，其他小孩子还没有反应过来，以前的这个 3 号小朋友马上开始卷袖子，上次他不是没有弄上吗！

当老师刚说"把什么什么抬过去"时，其他小朋友还没有反应过来，这位"前 3 号"就第一个冲过去了。

结果是什么，可想而知。

这个故事中，"3号"第一次受到的挫折，就成了他主动承担责任的来源，当然，很重要的还有孩子妈妈的教育，让孩子养成了良好的习惯。

怎样让孩子养成好习惯？特别是营造一个让孩子养成好习惯的家庭环境。

一位儿童教育专家讲了八大原则，我们很是赞同：

一是父母要以身作则。

父母要注意身教，境教与身教不能完全分开，身教是境教中的一个重要部分。孩子是父母的影子，孩子对于外界是全方位吸收的，看到什么学什么，特别是许多习惯，都可以从父母那里找到源泉。

比如：父母有骂脏话的习惯，孩子当然会学到；父母喜欢打孩子，所以孩子长大了也喜欢打自己的孩子，甚至反过来打父母；父母平时斤斤计较，那么孩子以后也会斤斤计较；父母平时喜欢苛求别人，容不得别人的缺点，孩子大了也就容不得别人的缺点。

专家说：一个小气的家长，怎么可能造就一个大气的孩子？一个小心眼的家长，怎么可能培养出一个胸怀坦荡的孩子？一个私欲无度的家长，又怎么可能培养出一个心甘情愿付出的孩子？

所以在孩子的情商方面，孩子更多的是受到家庭的影响、父母的影响。

二是要注意孩子的"第一次"。

无论什么事，第一次做得好，第二次就容易做得更好；第一次做错了，第二次就更容易做错。

比如，孩子第一次写作业拿笔的位置不对，父母没有看到，那么下一次孩子还会是那样拿笔，父母又没有看到，等到父母发觉，这种拿笔的姿势已经重复了几次了，要矫正就有一定的难度了，孩子就开始不习惯了。

再比如：孩子第一次写作业时，低着头，哈着腰，歪着身子，父母如果注意了，马上纠正，那么下次孩子就会知道这样不对，多重复几次正确的写字姿势，很容易就改过来了。

做父母的要格外留意孩子的第一次，并随时纠正，以免养成不好的习惯！

三是培养习惯过程中不要有例外。

时间上不要有例外；空间上也不要有例外。

不例外，就是培养孩子习惯过程中一个"立"的过程，就是要保持养成习惯的连续性。

尽量做到天天坚持，中间尽量不要断开。

比如：你想培养孩子看课外书的习惯，那就要做到让孩子每天都看一会儿，这样久而久之，这个孩子看书的习惯就养成了。

但是有些父母不是这样，在这个过程中，总是三天打鱼，两天晒网。今天忙起来了，就不让孩子看了，明天带孩子出去玩了，又不看了，或者过两天又有个什么事，又没让孩子看，所以这个习惯就很难养成。

连续才有惯，惯需要连续。

专家说：新习惯养成于"连续"之中！

专家又说：好习惯养成于"连贯"之中。

那就是社会、学校、家庭三者的教育要统一，要做到所有家庭成员要统一。这样一个好习惯就更容易养成。

专家还说，好习惯形成于联动之中，特别是家庭与学校要联动！

比如：培养一个孩子不要乱丢垃圾，老师强调学生不能乱丢垃圾，学生在学校做得很好，不乱丢。但是一出校门回到家里，父母不强调，有的父母甚至自己在街上乱丢，孩子看到了，既然父母能丢，路上的人都能丢，那我也丢吧。

学校在给孩子"建立"这个习惯，但是家庭和社会却在教孩子"破坏"这个习惯，最后相互抵消，孩子的好习惯还是没有建立起来。

在家里培养习惯也一样，有时家里对孩子的管理意见也不统一。比如：孩子小时候，父母坚持不喂饭，让孩子自己吃，孩子的习惯很快便养成了，但父母可能有事忙去了，把孩子寄养到爷爷奶奶家，爷爷奶奶看孙子吃得慢，心疼，又去主动喂孩子，这样孩子自己吃饭的这个习惯也就难以养成。

好习惯的养成叫"立"，多用连续、连贯、联动；坏习惯的去除叫"破"，要破除坏习惯的连续、连贯。

专家介绍了一个方法：

孩子爱看电视，尤其是动画片，并且天天看，养成了不好的习惯。于是，父母就想法"断"开它。比如：父母就想办法，用更好玩的活动引开孩子。比如对孩子说："女儿，今晚我们去影剧院看演出"。"儿子，今晚我们到公园去踢球"等，故意"破"一下，使它成不了习惯。

许多孩子不知不觉间就养成了打游戏的习惯，而游戏又设计得很巧妙，天天勾着你，让你不能一下子过关。这样，孩子就天天想着游戏，因为没过关，总想过关，所以就天天打。怎么办？

专家给出了招数之一：如果家长每天安排孩子打一个小时的电脑游戏，还不如把这些时间全部安排到星期天一天去。让孩子玩个饱，最好让孩子打过所有的关。这样因为孩子征服了游戏，就会慢慢减淡对这个游戏的兴趣！

四是要发挥孩子的主动性。

专家说：在儿童习惯养成的过程中，有一个误区存在，那就是习惯养成的过程变成了奴役儿童的过程。什么意思呢？就是大人在研究习惯，大人在定规范，强迫孩子去执行，这样做就很可怕，孩子始终处于被动中，处于父母的高压下，孩子自己的主动性发挥不出来。

有的父母就采用这种"逼"和"压"的方式，每天逼孩子弹多长时间琴，逼孩子每天看多长时间书，逼孩子每天必须要完成什么任务……

父母这样一直约束着孩子，始终不敢放手让孩子自己管理自己，这样的孩子就特别被动。到了中学，孩子住校了，父母没有条件管理孩子了，孩子自己也没学会管理自己、没有学会约束自己，结果就出问题了。

所以，最好的教育应该是自我教育。

会教育的父母是会想方设法调动孩子的主动性，让孩子学会管理自己，学会约束自己，充分调动孩子自己养成习惯的主动性，要让孩子觉得养成这个习惯对自己会有很大的帮助，让孩子觉得我喜欢养成这个习惯。这才是最考验家长教育智慧的地方，也是评价一个家长教育水平的重要标志。

五是要持之以恒，循序渐进。

专家们发现，形成一个新习惯，要一个月左右的时间，这主要是指动作性习惯。如果是培养智慧性习惯，则需要更长的时间。

比如，遇到任何事，总是往积极的方面想，往好的方面想；比如，实事求是的习惯等，这样的智慧性习惯的养成，可能要好几年。

比如跑步的习惯，魏书生老师说：遇到特殊情况的时候，如意外的任务啦，身体有点小病了，有不顺心的事啦，心情不好啦，也鼓励孩子不要轻易停止。

只要能站直了，就别趴下；只要还能行动就别停下。身体有小病时，跑不了 1 000 米，那就一步一步地走下来。

比如写日记的习惯，心情不好，写不出太好的文章，但也不要中断日记，可以随随便便地东一句西一句记下自己当时的心情，可以少写，但不要停下来，不要轻言放弃。

六是要给以孩子积极的鼓励。

孩子在养成习惯的过程中，不可能一帆风顺，经常会出现反复。不管什么原因，家长还是要学会看到孩子的正面，从多角度看孩子，多鼓励孩子，因为只要是孩子就有一颗向上的心，内心都是要求进步的。

专家说：进步是在曲折中进行的。

七是要学会控制时空。

孩子毕竟是孩子，在培养习惯过程中，父母要明白一个道理：自然界的普遍原则——最小阻力原则。

人们发现：好习惯养成难，坏习惯养成易，为什么？

因为好习惯的养成是需要努力和自我克制的，而坏习惯则无须任何努力即可染上。

好习惯的养成用的时间更长，坏习惯的养成可能用的时间更短。

家长要把孩子放在一个没有诱惑源的空间环境里，使孩子处于能够把握自己的环境中，什么歌厅、舞厅、游戏厅、台球室这些地方尽量少去，这些地方，孩子一旦进去，便很容易失去自控，不由自主地放弃好习惯。

在家里，孩子在写作业时，家长就少打或不打麻将，少看或不看电视，尽量不影响孩子。父母可以在旁边看看你的书，给孩子一个榜样，给孩子一份力量，这样孩子自然就心静了。

八是培养习惯要少说教，多训练，从身边的小事做起。

专家说：好习惯不是说出来的，而是做出来的、练出来的。

比如，有些家长教孩子尊敬长辈，然后对着孩子说一大通道理，应该怎么样。这样没什么效果，最好的办法就是从身边的小事开始训练孩子尊敬长辈。

比如，父母下班回家，让孩子帮父母拿一双鞋过来给父母换上，再让孩子给父母倒一杯水。或者妈妈在厨房做菜，让孩子帮着妈妈择菜。

鼓励孩子从身边的小事做起。比如，孩子总把家里搞得很乱，家里刚刚收拾好，又被孩子弄乱了，父母看到了，不是只生气，不是打骂孩子，而是引导孩子，对孩子说："来，儿子，我们一起收拾一下屋子，收拾好了，我们一起出去玩好不好？"

在孩子养成好习惯过程中，境教特别要注重"引导、诱导"。

老农使驴

大街上躺着一头驴子，严重阻碍了交通。

几个壮汉推也推不动，拉也拉不走。

交警想尽办法也无济于事，只好掏出枪来大吼："再不走，我就开枪了！"

驴子只是晃了晃它的耳朵，依然不动。

这时候，一老农手拿两个萝卜在驴子眼前晃一晃，懒洋洋的驴子两眼一亮立刻起来，跟着老农走了。

"推""拉""吼"对驴都没用，只有"萝卜"才请动了驴！

老农是最懂得驴"心"的人！

要让孩子养成好的习惯，家长也要能懂得孩子的心，善于抓住孩子内心的需求，找到让孩子喜欢的那个"萝卜"来引导孩子自己动起来。

夏老师教子

教育专家孙云晓的书中讲了一个著名的教育案例：

上海闸北八中有一个语文老师夏老师，他有一手非常端庄漂亮的字，让学生们佩服得五体投地。

孙云晓问夏老师："您的一手好字是怎么练出来的？"

夏老师神秘地笑了，说："这个原因谁也猜不出来。"

原来，夏老师的父亲是中医。许多年前一个暑假刚开始的一天，父亲拿出一摞医书，对三个儿子说："这些医书是我借来的，请你们帮我抄下来，有重要用处。"

当兄弟三人准备抄写时，父亲又提醒道："抄医书非同寻常，抄错一个字就可能给病人开错药方，害了人家性命。所以，必须字字端正清楚，不可贪玩马虎。抄好了我有奖励。"

孩子们听了，无不心生神圣之感，似乎真的成了医生，如同给病人开处方一般，一笔一画，像刀刻斧凿一样。

夏老师是老大，自然要做出表率，比弟弟们更加认真。

几个假期下来，兄弟三人与医书为伴，练出了坐功，练出了严谨，也练就了一手好字。假期结束时，父亲带儿子们去大世界玩上一整天，那份自豪与痛快，回想起来让人心醉。

听到这里，孙云晓老师拍案叫绝："你父亲是高人，他这是培养你们兄弟三人的良好习惯呀！"

夏老师点点头，说："是啊，不过这是我们长大以后才悟出来的，那时可当真了。至今我对医书都有一种敬畏之感。"后来，兄弟三人的成长都得益于抄医书养成的严谨作风。

通过让孩子们帮着抄医书一事，巧妙掩盖了父亲真实的教育意图，孩子们一点也没有感觉到被教育、被强迫的痕迹。这位父亲的境教，到了智商与情商高度统一的境界。

专家也感叹：教育是一门艺术，最高明的教育应该是春风化雨，不露教育痕迹的。

一位专家充分利用了环境的力量，教孩子养成了读书的好习惯。

这位专家的孩子当时读三年级，专家帮孩子统计过：他看的课外书已经达到了 110 本，而且都是 200 页以上的字书。

专家是怎样充分利用环境影响的教育方式的呢？

一是经常带孩子逛书店，每个双休日都陪孩子到书店坐坐，那里有很多看书的孩子，书店也专门安排了座位给孩子们看书，所以那里很容易形成一个看书的"气"场。

二是在家里每天晚上定了一个全家看书的时间。每天 9 点钟的时候，全家人都安安静静坐在书桌前看 20 分钟书。所以孩子很容易静下来。

就这样天天坚持，儿子慢慢养成了看书的习惯。

（2）创新

在父母的境教中，创新思维与创造力的教育，是特别重要的一个方面。

曾教授于 2003 年 6 月 6 日在央视"百家讲坛"作了"创新思维与创造力发挥"的演讲，并写作了一本比较畅销的书——《让思维再创新》。

什么是创新？

创新是一个古代语，它起源于拉丁语，主要是"生长"的意思，比如庄稼、农作物，"春播一粒种，秋收万担粮"，这就是创新创造了。比如诸多的生物体，从无到有，从小到大，也有创新创造的意思。

古罗马诸神中，有一位神叫"赛瑞斯"，她是大地和丰收女神，也就是"五谷女神"，"赛瑞斯"就是创新的意思。

现代语中的创新，含义更为广泛，比如：更新、改变、创造、改进、改造、改良、变革、革新、改革，等等。

其实，人，也是创新的结果。

人的吃、穿、住、行、用、医、建、军、教、学、管、经，也是在不断地创新。

朝三暮四

从前，宋国国都商丘有一个养猕猴的老人，他很喜欢猕猴，养了一大群猕猴。他能理解猕猴们的心意，猕猴们也能够理解老人的心思。

那位老人因此减少了全家的口粮，来满足猕猴们的欲望。

但是不久，家里缺乏食物了。他想要限制猕猴们吃橡栗的数量，但又怕猕猴们生气不听话，就先和猕猴们商量："我给你们的橡树果实，早上四颗，晚上三颗，这样够吗？"

众多猕猴一听就很生气，怎么搞的，早上都发的四颗，怎么晚上却只发三颗呢？这不是越发越少吗？都气得跳了起来，纷纷抗议。

老人见此状，对众猕猴说："我马上改变，给你们的橡树果实，早上三颗，晚上四颗，这不是越发越多了吗？"猕猴们听后都很开心地趴下，重新又对那老人服服帖帖的了。

其实，这是总量不变，改变了一下结构，就创新了。今天，不少企业进行资产重组，就是这个道理。

还有结构不变，改变总量，也是一种创新。

说别人没说过的话，做别人没做过的事，是创新；说别人已经说过的话，做别人已经做过的事，也可以创新，人们说的改造性的创新，就是这个道理。

什么是创造力？

创造力是指产生新思想，发现和创造新事物的能力。

创造力是成功地完成某种创造性活动所必需的心理品质。

例如创造新概念、新理论，更新技术，发明新设备、新方法，创作新作品都是创造力的表现。

创造力是一系列连续的复杂的高水平的心理活动。

曾教授在一些大学、中学为教师们作演讲时讲道：各级各类学校的教育教学有几大短板：

第一，情商教育。

第二，创新教育。

第三，国学教育。

第四，幽默教育。

第五，因材施教。

特别是情商和创新教育，是各种教育短板中的短板。

创新非常重要。

美国的《未来学家》杂志指出：竞争优势的秘密是创新。

爱因斯坦说：若无某种大胆放肆的猜想，一般是不可能有知识的进展的。

现代管理之父德鲁克说：作为企业来讲，要么创新，要么死亡。

习总书记讲了很多创新：

出路在于创新，关键要靠科技。

创新也是中华民族最深沉的民族禀赋。

创新不再是可有可无的奢侈品，而应成为我们生存的必需品。

开创则更定百度，守成则安静无为。

习总书记于 2015 年 5 月 27 日在华东七省市书记座谈会上讲话：综合国力竞争说到底是创新的竞争。要深入实施创新驱动发展战略，推动科技创新、产业创新、企业创新、市场创新、产品创新、业态创新、管理创新，加快形成以创新为主要引领和支撑的经济体系与发展模式。

李克强总理也非常重视创新：

变化的世界需要创新。

创新是人类的活力源泉。

让创新成为中国经济升级的强大动力。

李克强总理提倡：全民创新、万众创新、草根创新、大众创业。

创新性人才意义重大：一个比尔·盖茨，一个乔布斯，作用有多大？

但是，中国的创新性人才却极为缺乏。

有人问：

中国为什么不能出一个爱因斯坦？

中国为什么不能出一个居里夫人？

中国的诺贝尔奖为什么那么少？

钱学森教授生前曾多次大声疾呼：中国没有一所真正意义上的创新型大学！

为什么？

有人说，到学校去看看我们的教育，再看看我们的高考制度，再去看一下大多数人的家庭教育就知道了。

可悲的是，不在于学生不创新，不在于孩子不创新、没有多少创造力、没有创新思维，根本的是学校、老师的创新如何？父母的创新性教育如何？

有人说，学校大一统的教育教学，一个模式、一样的教学目的、一样的教学计划、一样的教学大纲、一样的教材、一样的讲法、一样的进度、一样的考题、一样的标准答案，培养一样的人才，结果，千人一面、万人一孔，因材施教何来？因材施教何来？创新何来？创新型人才培养何来？

原因何在？

制度、体制、机制固然是重要原因。但是，同样的制度、体制、机制下，有的学校的创新教育教学就好得多！为什么？

社会有没有责任？学校有没有责任？教师有没有责任？家长有没有责任？

培养创新型人才，实施创新性教育，很重要的一个方面就是在全社会，包括企业、学校、家庭，要营造良好的创新环境。

创新、创造的环境、氛围、文化、制度、体制、机制，民主、自由、开放、宽容、包容、试错的环境，特别是创新的先行者千万不要成为创新的阻碍者；特别是父母，不要泯灭孩子一丝一毫的创新和创造的火花。

第一，要有试错机制。

社会有、企业有、学校有，家庭里也要有。

创新创造的风险很大，技术创新失败概率在70%以上，教育创新也是很难的，要给创新者以"退路"，要给孩子以机会。

包容创新创造者，解除创新的后顾之忧，不给孩子以创新创造的压力。

爱迪生的失败与成功

爱迪生发明了钨丝电灯泡。在他发明创造的过程中，曾经失败了 1 000 次才成功。

有记者问他："爱迪生先生，您试验灯丝失败了 1 000 次，您是怎么想的？怎样坚持过来的？"

爱迪生说："我并没有失败 1 000 次，你们认为的这 1 000 次失败，其实都是我的成功。"

要允许孩子有创新创造的失败和多次失败。有了试错，甚至多次试错，成功之路才有可能性。

第二，要有激励方法。

对孩子的创新思维、创新火花、创造力发挥，要多欣赏、多赏识、多呵护、多激励，就算孩子在创新创造过程中失败了，甚至付出了一定的代价，也要多方面肯定，多予以鼓励，多给孩子创新创造的言行鼓掌，千万不要伤害孩子创新创造的积极性。

第三，要让孩子充满兴趣。

箴言：兴趣是最好的老师。

箴言：教育的本质就是激发兴趣和鼓励精神！

箴言：兴趣是创新创造的内在动力。

在进行创新创造兴趣方面的教育时，家长们要注意了：

爱好不等于兴趣。

"爱好"的范围很广，所含感性因素偏多。而兴趣是人们对某一事物高层次的需求。比如有些学生喜欢看电视，这只能说他爱好看电视，而非兴趣。所以，家长培养孩子的兴趣要多样化，但不能太滥；要让孩子专心致志地集中到一两门主要兴趣上，特别是创新创造的兴趣，而把其他的兴趣作为一般爱好就行。

注意发现孩子创新创造的兴趣。

孩子有自己特殊的兴趣，没有谁比父母更能发掘他们的兴趣。

正确对待孩子的兴趣

一名姓胡的学生，他的父母就是有心人。在读小学时，孩子对马桶的工作原理产生了好奇，便动手拆了自家的马桶。父母看见了，没有骂孩子，更没有打孩子，也没有阻止孩子，而是积极支持孩子的这一做法。

父母看到孩子对数学感兴趣，父母便重点培养，又因势利导送孩子参加一些数学培训班，孩子对数学热情一直不减，并产生了浓厚的兴趣。

后来，孩子被保送到北京大学学习。

要让孩子扩展视野，这样更能让孩子可能产生兴趣，父母也更能发现孩子的兴趣。孩子如果没有机会接触世界上各种奇妙的事物，他们很难对外界发生兴趣，父母也就可能很难找出孩子的兴趣。因此，父母应该创造机会扩展孩子的视野。比如，当发现孩子遇上了一些令他双眼发光、眼睛一亮、为之一振的事物时，这种兴趣就值得培养，父母应该鼓励他们去探索。

注意培养孩子的创新创造兴趣。

有的孩子可能对什么都不感兴趣，当然对创新创造也没有什么兴趣，怎么办？

首先要检查一下父母的榜样做得如何，父母要带头对什么都有兴趣，特别是对创新创造有兴趣，从而影响孩子。

怎样培养孩子的兴趣？有一位叫刘嘉的老师认为：

一是启发和引导孩子的求知欲。

小孩子特别爱问"为什么""这是怎么回事"。面对孩子千奇百怪的问题，有的家长会显得不耐烦。然而，这些问题恰恰是求知的萌芽，是创新创造的开始，家长应该耐心面对，用通俗易懂的语言为其解释。

二是从游戏中开发孩子的兴趣。一些益智游戏也能激发孩子对某一事物的兴趣。同时，因为孩子的年龄偏小，他对有兴趣的事情，一开始往往只凭好奇和热情。因此，家长要引导他从兴趣中探索和思考，从兴趣中获得科学知识，使其保持兴趣的长久性。对孩子的兴趣不闻不问无动于衷，是做家长的大忌。

三是学会鼓励孩子。家长是孩子心目中的第一个权威评价者，他们渴望得到家长的肯定。如果家长总是"打击"孩子，有可能摧毁其求知欲。因此，当孩子做得好时，家长可以适时表扬；当孩子做得不好或者失败时，要先发现孩子有创造性的一面，然后再鼓励他们。

四是把间接兴趣转化为直接兴趣。也许有的孩子对学习某一科目的确没有直接兴趣。比如，有的学生对数学没有兴趣，对外语没有兴趣，但是他的目标明确，想读名校、考上重点大学。这样的学生对数学、外语是一种间接兴趣。面对这样的孩子，家长就要琢磨如何把其间接兴趣转化为直接兴趣，毕竟有了直接兴趣，动力才强，才能学得持久。在这一转化中，让孩子获得成就感很重要。孩子学有成就，才能激发他对学习的直接兴趣，产生内动力，主动学习。培养孩子的创新创造力也是如此。

五是教给孩子科学高效的学习方法，特别是让孩子获得创新创造的乐趣，乐趣是孩子兴趣的内在动力。

另外，还要尊重孩子的兴趣。

孩子一开始可能对创新创造没有什么兴趣，而是对其他方面有兴趣。怎么办？父母要尊重孩子的兴趣，不要扼杀孩子其他方面的兴趣，不要强制性地一定要让孩子在创新创造方面有兴趣。一方面，孩子的兴趣可能有转移，另一方面，父母要加以引导。

第四，要让孩子充满好奇心。

箴言：好奇心是创新的起源。

特别是学龄前儿童，是充满好奇心的小忙人，他们急切地想了解周围的一切，甚至想独立去探险。随着自我意识的增强，他们开始不断挑战父母的忍耐极限。

丁圣香女士讲经常听到孩子这样问父母：

"为什么月亮会在晚上出来？"

"为什么天会下雨？"

"为什么人要吃饭？"

"为什么小鸟会飞？而人不会飞？"

……

父母对孩子提出的这些问题有时候会给予回答，有的却敷衍了事或是横加指责。

其实这是父母无知、不负责任。

孩子求知欲的直接表现就是不断地提出为什么，孩子的好奇心非常珍贵，它是孩子探求知识、创新创造的动力所在。

儿童时期的好奇心、求知欲，是奠定他们未来事业成功的重要基础之一。

家长该如何正确对待孩子的好奇心呢？

一是不要轻视或嘲笑孩子提出的那些问题，应尊重孩子，让他多提问题。

二是父母应认真、耐心地回答或讨论孩子提出的任何问题。

三是父母对孩子提出的问题应尽量当场解答，最好运用比喻和拟人化的方法讲解，也可以通过故事的形式来回答。

四是父母应引导孩子，启发孩子自己去观察、去思考，鼓励孩子自己去寻找问题的答案。

面对孩子的好奇心，身为父母我们不应该不耐烦，不应该不理睬，更不应该惩罚他们，父母应该引导。

第五，父母要一问到底。

教育大师陶行知说：**"发明千千万万，起点一个问。"**

能够提出问题，说明这是创新创造的前奏、序幕。

所以，父母既要向孩子提出许多的问题，也要让孩子提问题，引导孩子多提一些问题。

特别是小孩子，问题会最多，而且会总是不停地向父母提各种各样的问题。

如果孩子提的问题很多、很广泛，说明他们对外界的人和事物感到很好奇、新奇、新鲜、有兴趣，也说明孩子大脑转得很快，爱思考。

引导孩子不断提出问题可以锻炼他的思考能力。

父母对孩子提出的问题，不要不理睬，要积极面对。能够回答的尽量回答，不能够回答的，事后找资料、请教别人，尽量去回答。这也是父母与孩子沟通、交流、言传的好机会，是父母拉近与孩子间的距离、消除位差的重要机会。在孩子的成长过程中，父母不可能什么东西都知道，所以，父母自己也要多学习、多读书。

父母还要选择一些合适的问题问孩子，而且要一问到底，从而启发孩子去思考，引导孩子去动脑筋，想办法解决问题。这同样也是锻炼孩子思维的一种好方式。

父母要考虑一下应该如何提问。向孩子提问也是有学问、有艺术的。

是多问那些"是"或"不是"的问题呢？还是多问一些"你怎么看"之类的问题呢？

有位学者讲了这样一个故事。

爸爸让女儿做选择题

爸爸新收到了一个快递纸盒，10岁的女儿很好奇，问纸盒里的东西是什么。爸爸悄悄撕下了纸盒上的快递单，将纸盒递到了女儿手里，问道："你觉得这会是什么呢？"

女儿接过纸盒，上下左右看了看，又晃了晃，才说："这东西不大，也不算沉，好像数量也不多。"

爸爸说："没错，除此之外你还想到什么了？"

"嗯……"女儿又看了看纸盒说，"如果是今天寄到的，看您并不显得意外，估计是知道它会在近几天到。我觉得……那最多也不过是一星期前发出来的东西。"

爸爸点点头："你说对了，这是三天前才发出来的。再想想，三天前发生过什么事情吗？"

女儿拍了拍纸盒，又托着下巴想了想才说："好像您说要找什么资料，您还上网查来着……啊！"

女儿忽然一声大叫，爸爸笑了："知道里面是什么了吗？"

"是书！三天前您说要买几本什么书，结果您直接上网订购的，对吗？"女儿兴奋地说。

爸爸笑着点点头，当着女儿的面拆开了包裹，三本崭新的书静静地躺在纸盒之中。女儿得意洋洋地说："我猜得没错吧？"

爸爸拍拍女儿的头说："没错！以后也要像这样多动脑筋啊！不过，你想想，你是不是可以直接向我要快递单？这样寄的什么东西不就一目了然了？"

"啊？"女儿张大嘴巴，"您把快递单撕掉了？让我猜得这么辛苦，爸爸耍赖！"说完，女儿笑着扑向了爸爸……

著名教育家陶行知说：**"智者问得巧，愚者问得笨。"**
好的提问不仅可以激发孩子的兴趣，更能激活他的思维。这位父亲从一个小小的快递纸盒就能引导女儿对一件事情的前因后果进行分析思考，他的提问就是有智慧的提问。这种开放式的提问，让女儿的思维在这样一件小事上同样得到了锻炼。

但是，在日常生活中，很多人却更习惯问孩子"是不是""对不对"，这样孩子的答案就只有两种，肯定与否定。孩子的思考空间小了，他的选择余地也少了。再加上很多问题太过简单，孩子一眼就能看透，答案几乎就是显而易见的。如此一来，我们的提问就变得毫无意义了。

妈妈的烦恼

一位妈妈发现五岁的女儿不爱动脑思考，妈妈总是用提问来引导她，可女儿就是不会动脑筋。

有一次女儿蹲在地上看蚂蚁，妈妈原本想趁着这个机会好好引导女儿，让她编个小故事。结果，女儿什么都说不出来。

妈妈问女儿："看小蚂蚁是不是在搬家呀？"

她说："是。"

妈妈继续问："你想不想看小蚂蚁怎么搬家呀？"

女儿回答："想。"

妈妈不死心："那我们应该跟着小蚂蚁一起走对不对？"

她点头："对。"

上面这个故事中，妈妈每次问女儿，女儿都回答一个字"是""想""对"，妈妈接下来都不知道该说什么了。看别人家的孩子都能编个小故事出来，妈妈不知道怎么办。

问题出在哪里？就是妈妈不会提问，她问的都是一些选择性问题，是封闭式的问题，孩子的思维空间打不开，孩子当然只能简单地回答"是"或"不是"了。

换一种提问的方式，比如，采用开放式的问题。

开放式的问题没有现成的答案，或者说解决问题的思想与方法并不是唯一的。面对这样的问题，孩子就需要尽可能多地思考，去设想所有可能的情况。这样的提问就会激发孩子的发散思维，他必须考虑得更多、更全面，他的想象力甚至是创造力就会得到相应的锻炼。

要注意的是，**问话要具体，孩子才便于回答。**

比如，孩子从幼儿园出来，妈妈去接孩子，就这样问：

"你觉得今天最快乐的事情是什么？"

"你今天和谁交朋友了？他叫什么？你觉得他哪里好？"

"你和谁做游戏了？"

"做的什么游戏呢？"

"你最想告诉爸爸妈妈的是什么事情？"

这样的问题会告诉孩子他该向哪个方向去思考，面对具体的提问，他自然也就有话可说。

具体的提问也能让孩子认真回忆，调动起他的思维。久而久之，某天孩子可能就会主动向我们讲述，这对他的语言表达能力同样也是一种锻炼。

还要掌握一些向孩子发问的技巧。

教育专家陈龙安提供了他总结的良好发问"十字诀"：

假，是以假如作为发问的开头，引导孩子去思考。

例，就是引导孩子回答问题时多举例子。

比，是让孩子将两件事物放在一起进行比较。

替，则是让孩子想想对这个问题有没有替代方法。

除，是让孩子思考除此以外的其他情况。

可，就是让孩子将一切可能都考虑进来。

想，就是让孩子去想象各种情况。

组，则是教孩子学会运用组合方式去思考。

何，就是"六何"，就是何人、何时、何地、何事、为何、如何，也就是让孩子思考事情的几要素。

类，就是让孩子对各种可能性进行类推。

孩子的情况是千差万别的，提问时，还要根据孩子的不同特点，根据每个家庭的具体情况来实施。

另外，专家们还要求父母别用"标准答案"束缚孩子的想象力。

既然是开放式的提问，既然答案不是唯一的，那么我们对孩子的答案就要抱有一种宽容的态度。也许孩子的答案并不是我们想听的，但我们不要刚一听就否定；也许他说出来的根本就是错的，可我们也同样没必要训斥他的错误。对孩子的回答，我们要避免"挑三拣四"的情况出现，引导才是正确的做法。

当我们提问过后，要鼓励孩子善于发表自己的看法，要耐心听他讲完。如果他说得正确，我们可以夸奖他；如果他说得不很完全，我们可以通过继续发问来引导他进一步思考；如果他说的是错误的，那么我们也同样可以用发问来将他带回到正确的思考方向上来。

父母对孩子的开放式提问，最终目的是要帮孩子开拓思维，帮他提高思考能力，千万不要为了得到我们想要的答案而扼杀孩子的想象力。

第六，让孩子具有丰富的想象力。

孩子的想象力非常重要，它是孩子创新创造力的关键内容，关系到孩子未来的发展，更关系到民族的兴衰。

特别是要让孩子具有发散思维能力。

爱因斯坦说：**"想象力比知识更重要。"**

但是，我国孩子的想象力普遍令人担忧。

一个国际组织对全球 21 个国家进行的调查显示，中国孩子的计算能力排名世界第一，想象力却排名倒数第一，创造力也仅排名倒数第五。

这个调查结果是不是正确的、是否符合中国孩子的实际情况、是倒数第几等，我们不作过多的评论。但是，中国大多数孩子的想象力不强应该是一个不争的事实。

孩子的想象力是可以培养出来的，在家庭境教中，想象力应该成为重要内容。

怎样让孩子具有较强的想象力？

美国某网站总结了八个培养孩子想象力的方法：

一是阅读激发灵感。阅读是智力发展的关键，同时也有助于激发孩子的想象力。选择那些拥有大量丰富多彩的图片的书籍，对孩子来说文字内容并不重要，尽可能让孩子根据图片自己编故事。家长也可以帮助孩子一起创造情节，还可以进行角色扮演，增加趣味性和参与感。

二是创造自己的故事。有时候，一个关于自己的小故事也能非常吸引人。你可以从周围的环境出发创造一个小故事，尽量发挥自己的想象力，甚至可以让孩子变成故事里的超级英雄。最终，他也会给你讲他的故事，故事里他自己就是主角。

三是唱歌、敲打、吹口哨。结构化的音乐类型确实不错，但是给孩子准备玩具乐器，让他随着音乐跳舞，和他一起唱歌，甚至鼓励他即兴演奏等过程，都是极具创造性的过程，能够无限激发孩子的想象力。

四是限制屏幕时间。随着电子产品的普及，很多家长喜欢给孩子玩手机或 iPad，玩游戏或看视频都能吸引孩子的注意力，可减轻家长带孩子的压力。但专家建议家长应尽量减少孩子面对电子屏幕的时间。美国儿科协会建议，不要给 2 岁以下的婴幼儿玩手机、iPad 或其他电子产品，2 岁以上的幼儿每天面对电子屏幕的时间应限制在 30 分钟以内。

五是玩角色扮演游戏。角色扮演游戏不仅是一种消磨时间的方式，更能让孩子在表演的过程中学会如何管理自己的日常生活。角色扮演能帮助孩子发展语言和社交能力，甚至能帮助他们表达自己的情绪，如悲伤或害怕。家长可以帮孩子多准备角色扮演所需要的道具，如一些特殊角色的服装、用品等，让孩子在扮演角色时更有代入感。

六是接受孩子的小怪癖。有时候孩子的行为让我们难以理解，也许你的孩子某一天想穿着他的小披风去幼儿园。你可能会觉得难以接受，但孩子们却不这样想。当你想要反对时，先静下来想一想，他这样做会有人受伤害吗？不会，那么为什么不能接受呢？

七是欢迎孩子想象中的朋友。很多孩子都会有一个自己假想的朋友，有的家长知道后会担心孩子这样会不会出问题，甚至告诉孩子那个朋友根本不存在。专家认为，这是孩子创造性思维的体现，当孩子有了恐惧或担忧时，他会通过这种方式来缓解自己的情绪。通常情况下，可以让孩子继续和他的"朋友"玩，当这个"朋友"让孩子出现不好的行为，则应对其进行纠正。

八是设置一些限制。偶尔打破规则确实很有趣，但重要的是必须让孩子知道，我们有必须遵守的规则，就像想象的火车最终也会进站。比如，你可以允许孩子在餐桌下玩海盗船的游戏，但是不能在吃饭时间玩耍。

这是美国的教育训练方式，有美国的国情，但可以借鉴。

中国的一些教育专家也提出了一些建议：

一是常给孩子做一些想象力方面的训练。比如给出一些简单的符号：一条线，一个半圆，一个圆圈，让孩子根据这些来组合故事，鼓励孩子尽可能多地组合一些更复杂、完全不同的故事出来。

二是鼓励孩子拆装废旧物品，适当给孩子买一些智力玩具。比如废旧的钟表可以让孩子拿去拆装，甚至家里的电脑等器物，家长都可陪孩子一起拆装维修。

三是多让孩子做一些脑筋急转弯的练习，鼓励孩子思考时多转几个弯。一些在成年人眼里不按常理出牌的行为其实是非常可贵的，值得鼓励和提倡。

四是认真对待孩子的"为什么？"做到认真而不是敷衍！让孩子充满好奇心，不要盲目地把父母自己树立成权威，否则会扼杀孩子的想象力。

父母给孩子提出的问题

父母问孩子："4是8的一半吗？"孩子点头了。

父母又问孩子："0是的8的一半吗？"孩子们茫然了。

父母连续问孩子："3是8的一半吗？"

"1是8的一半吗？"

"2是8的一半吗？"

"5是8的一半吗？"

"6 是 8 的一半吗？"

"7 是 8 的一半吗？"

越问到后面，看起来越荒唐了。

孩子，爸爸考考你，4 是 8 的一半吗？

是呀是呀！

那 0 是 8 的一半吗？

3 是 8 的一半吗？

……

一片茫然

呃……

其实，用发散思维来思考，情况就不同了：当然是"一半！"

一大半、一小半？

可能是数量、形状、大小的一半。

或者是重量、材料、颜色的一半。

这样，就会有很多个一半。

有人在电脑查了一下，竟然有 1 600 万种颜色和形状，几百亿种可能。

第七，求异求变也是创新创造。

上海和田路小学长期对小学生进行创新创造力的训练，并总结了一套行之有效的方法——"和田法"。这套方法主要是引导孩子去思考、改变一些东西，可能产生创新创造的结果。

比如，变大、变小、变重、变轻、变宽、变窄、变多、变少、变色、变圆、变热、变冷、变粗、变细、变高、变低、变快、变慢、变厚、变薄，等等。

比如多用途电插板，就是不断变多的结果。

比如隐形眼镜，就是不断变轻、变薄的结果。

3. 运用三大招数

家庭环境教育孩子，要好好运用三大招数。

（1）表扬

父母要学会表扬孩子，这是良好教育的招数之一。特别是对小小孩效果更佳。

俗话说："**数子十过不如奖子一功**""**赞扬如阳光，批评如利剑**"。

赞赏、欣赏和激励、鼓励，是表扬的基本形式，是促使孩子进步的最有效的方法之一，是沐浴孩子成长的雨露阳光。

每个孩子都有希望受到家长和老师重视的心理，而赞赏其优点和成绩，正是满足了孩子的这种心理，使他们产生一种荣誉感和骄傲感。

孩子在受到表扬后，会因此而更加积极地去努力，会在做人和学习上更加努力，会把事情做得更好。

一条腿的鸭子

有一个餐馆，招牌菜是烤鸭，远近闻名。

餐馆老总姓刘，烤鸭师傅姓王。

王师傅在餐馆工作了 10 多年，走在街上，街民、食客们都称赞王师傅的烤鸭好吃，给他竖大拇指，为他鼓掌。

有一天，刘总招待几位贵宾，让贵宾点菜，贵宾当然主要点了烤鸭。

刘总叫来王师傅，当着众人的面对王师傅说："王师傅，这些女士、先生都是我的贵宾。您今天拿出绝活，烤三只全鸭，特别是鸭腿要烤得好一点。"

王师傅满口答应。

一会儿工夫，三只烤全鸭端上桌来，香味扑鼻、香气袭人。贵宾们忙着准备享受美味。

一位女士突然说："且慢动手吃烤鸭！"

众贵宾不解，问为什么且慢。

这位女士说："你们看，太怪异了！刘总让上三只烤全鸭，但是，这三只烤全鸭每只鸭却只有一条腿，刘总，您给解释一下。"

刘总说："哦，我还没有注意。王师傅，您来给解释一下。"

王师傅应声而至，对刘总和众人说："因为我们当地的鸭子就这品种，它只长一条腿，所以烤出来的全鸭也只有一条腿！"

众贵宾和刘总都不相信。于是，王师傅带了众贵宾和刘师傅到宾馆外面去看活着的一条腿鸭子。

大家来到外面，在太阳底下、树荫下，一群鸭子在乘凉，每只鸭子都把一条腿收起来，只剩下一条腿站着。

王师傅对众人说："你们看啦，我们当地的鸭子的品种它们都是只长一条腿，所以，烤全鸭也只有一条腿。"

众贵宾说："对了对了，今天长见识了。"

刘总知道这是忽悠人的，就对着这群鸭子又拍掌几下，嘴里直叫"呵嘘"。这时，鸭子们受惊纷纷跑起来。

刘总对王师傅讲："王师傅，它们怎么是两条腿的？而您的烤全鸭怎么只有一条腿？您怎么解释？"

王师傅说："尊敬的刘总，您刚才在给鸭子们鼓掌，所以，鸭子们一条腿就变成两腿了。而我在贵店烤鸭10多年，您从来没有给我鼓过掌，所以，烤全鸭也只有一条腿了。"

这个故事可能只是一个笑话，但是，为了营造一个孩子卓越成长的家庭环境，当爸爸妈妈的，不妨多给孩子一些掌声，让孩子们积极努力从一条腿变成两条腿！

当然，表扬也要讲究艺术，不是越多越好。

有学者总结了表扬孩子的几个原则：

第一，对事。

表扬的目的是让孩子明白哪些行为是好的，产生正激励、正强化的效果。

所以，表扬要针对孩子对某一件事付出的努力、取得的效果，而不要针对孩子的性格和本人。如在孩子把玩过的玩具整理好后，父母可以这样说："儿子，你把玩具收拾得这么好，我真高兴。"久而久之，孩子会因此形成良好的习惯。

第二，及时。

及时表扬，正激励、正强化的效果更好。这对各个年龄层次的孩子，甚至工作了的员工，效果都很好。所以，父母要留意孩子有什么好言行，一旦发现，就及时表扬。

第三，点滴。

孩子在成长过程中，不可能一下子就有惊天动地的伟业伟绩，他们有一些细小的、点滴的进步，父母抓住时机进行表扬，会产生巩固孩子好言行的效果，形成良好习惯。比如孩子用过东西后在爸爸妈妈引导下整理好了，哪怕只整理好了一件，父母便及时表扬"女儿，你这样做真好，若能把其他东西收拾好就更好了"，使孩子从细小、点滴做起，做得更好。

第四，当众。

一般来讲，**表扬要当众，批评要悄悄**。因为当众表扬可以增强孩子的自信心，产生正强化的作用。但是这要把握好度，过多的当众表扬也容易造成孩子爱虚荣、骄傲自满的倾向。

第五，恰当。

什么样的表扬是最好的？适宜的、恰当的。孩子的年龄、性别、性格、爱好不同，其所需的表扬方式也不尽一样，如小孩子喜欢父母的搂抱和爱抚，而对稍大的孩子，一个特定的手势、一个微笑、一个眼神都是表扬的方式，表扬方式应因人而异。表扬的方式长期重复也会失去效用，所以表扬也应有新意。

有的学者和家长总结了一些表扬孩子的惯用语言，家长们可以视具体情况而选用。

你想做的事情由你自己决定，你会做好的。

自己去做吧，你不会依赖别人的。

你可以锻炼一下自己，你能够成功。

路是自己选的，对自己负责的孩子更讨人喜欢。

你大胆去锻炼一下，看看，这不是很好吗？

拿出男子汉的勇气，这不就闯过来了吗？

你自己解决这个问题，你能行的！

管好你自己，将来更能成功的。

跌倒了，能自己爬起来的孩子太好了！

你自己走路去上学，大家会给你点赞的！

买了这件东西，由你去交钱，好吗？

你将会成为了不起的人！

别怕，你肯定能行！

只要今天比昨天强就好！

你一定是个人生的强者！

你是个聪明孩子，成绩一定会赶上去的。

孩子，你仍然很棒。

孩子，你一点也不笨。

孩子告诉自己："我能做到。"

我很欣赏你在某方面的才能。

我相信你能找回学习的信心。

你将来会成大器的，好好努力吧。

孩子，我们也去试一试，你会成功的！

孩子，爸爸（妈妈）以你为荣！

提出一个问题，我就奖励你。

你就按自己的想法去做吧，我们相信你！

做完作业再玩，不是玩得更开心吗？

只要努力，下次就一定能考好。

孩子，爸爸妈妈认为，品德比分数更重要，你说是不是？

孩子，你经常说谢谢，爸爸妈妈很高兴。

孩子，你都知道关心父母了，这让我们很开心。

我们很高兴你有一颗同情心。

你是个懂礼貌的孩子，爸爸妈妈太高兴了。

具体表扬的方式很多，既有语言，也有动作。

有的父母当面表扬孩子，有的父母则通过手机发微信表扬，有的父母则专门写一封信表扬孩子，有的父母则通过积分的形式表扬孩子，引导孩子朝哪方面发展，比如，对孩子讲，这个月你做好了一件事，就给积一颗红星，星多了，就可以满足你哪些要求。这种形式，一般在学校、幼儿园中，老师用得比较多，但在家里也有家长用了。

还有的父母通过发奖状的形式表扬孩子。有的父母自己购买奖状，对孩子的好行为进行表扬。与其他正规的奖状一样，有奖励的文字，而且还有一颗鲜红的章，只不过这颗章不是什么公章，圆形红章上刻的是"爸爸、妈妈"或者"爷爷、奶奶""姥姥、姥爷"而已。

（2）批评

前面谈到，"赞扬如阳光，批评如利剑"，这是说批评相对于表扬而言，父母的境教要多用表扬，少用批评。

但是，孩子犯错了，父母有责任批评和管教，必要的批评还是应该有的。

父母怎样的批评才能既有作用，又不伤害孩子呢？

心理专家告诉我们，在批评和尊重之间，了解孩子的承受能力，并选择适合的批评方式，会帮助父母找到平衡。一些家长和专家总结了一套行之有效的批评方法。

第一，批评孩子要注意时间和场合。

一般不要在清晨、吃饭时、睡觉前。

一般不要当着众人的面。

孩子的自尊心往往很强，当众批评孩子，会让孩子感觉很没面子，会打击孩子的自信心，还可能会让孩子对父母心怀不满甚至心生怨恨，会影响父母同孩子之间的感情。

第二，要在父母冷静下来后再批评。

孩子犯了错，特别是犯了比较大的错或者屡错屡犯时，做家长的难免心烦意乱，情绪波动会比较大，很可能会在一时冲动之下对孩子说出不该说的话，或者做出不该做出的举动，事后可能父母也后悔，但是往往"覆水难收"。可能会对自己和孩子都产生极为不利的影响。而父母冷静后，才能对孩子所犯错误有一个客观公正的评判，才能有利于问题的解决，才能帮助孩子找出犯错的原因和改正错误的方法。

第三，要给孩子申诉的机会。

父母批评孩子不能不问青红皂白。导致孩子犯错的原因很多，有主观的，也有客观的，还有一些是非人力能左右的因素；有的是有意的，有的是无意的；有的可能是因为好心办了坏事，有的则是无心而为；有的是态度问题，也有的是能力问题；有的是初犯，有的是屡犯。所以，当孩子犯错后，不要剥夺孩子说话的权利，要给孩子一个申诉的机会，让孩子把自己想说的话和盘托出，这样家长会对孩子所犯的错误有一个更全面、更清楚的认识，对孩子的批评会更有针对性，也让孩子能心悦诚服地接受自己的批评。

第四，批评前父母先自我批评。

孩子所犯错误，父母或多或少都会有一定的责任。在批评孩子之前，如果父母能先来一番自我批评，如"这事也不全怪你，妈妈也有责任；只怪爸爸平时工作太忙，对你不够关心""只怪妈妈没有把这件事对你讲清楚"等，会让家长和孩子的心理距离一下子拉得很近，会让孩子更乐意接受父母的批评，还可以培养孩子勇于承担责任、勇于自我批评的良好品质。

第五，父母要形成"统一战线"。

"严父慈母"，教育孩子一个唱红脸、一个唱白脸也是对的，关键是如何唱。

一个批评、指责，一个庇护、袒护，孩子是最会找精神"避难所"的。父母或者是爷爷奶奶在批评方面意见不统一，批评的效果就会大打折扣，甚至适得其反。

所以，当孩子犯错后，父母一定要旗帜鲜明，保持高度一致，形成"统一战线"，共同努力，让孩子能正视自己所犯的错误并努力去改正自己的错误。

第六，批评后要进行心理安慰。

许多孩子在犯错后，也知道不对了，情绪较低落，心情不舒畅。父母在批评孩子后，应及时给孩子一些心理上的安慰，比如说些"没关系，知道错了改正就行""我知道你是个聪明的孩子，自己会知道怎么做""爸爸妈妈也有犯错的时候，重新再来"之类的话。也可以从行动上安慰孩子，比如，握握他们的手，拍拍他们的肩，或给他们一个微笑、一个拥抱等，这样就会让孩子感到，虽然他们犯了错，但家长还是爱他们的，也还是信任他们的，他们会对家长充满感激，也会对自己充满自信。

第七，就事论事批评。

孩子有错了，但父母不要扩大化，不东拉西扯算旧账，把上星期，甚至一年前、两年前孩子的过失都放在一块儿算。这样就冲淡了要批评过失的主题，孩子不知道挨批评的重点是什么，也不清楚父母让他改正什么，这也不是，那也不是，总是有缺点，容易使孩子产生消极情绪，失去信心。

第八，不要为批评而批评。

对孩子的批评，是必要的，但批评本身不是目的，批评要与教育结合起来。

批评的目的是为了抑制孩子的不良行为、不良品德、不良习惯与不良学习态度等。所以，父母对孩子要讲所犯之错的危害性，使孩子能接受批评，使批评有一定的效果，让孩子克服这些缺点与改正错误。

第九，尽量避免无效批评。

哪些属于无效批评？

一是批评情绪化，如情绪的"发泄"不理性，狂风暴雨的说教之词，忽视了孩子的感受。

二是批评泛滥化，如动不动就批评，无论大小事都批评，不分场合地点批评，纠缠"陈年老账"重提的批评等，久而久之，孩子就成了"钟鼓楼的麻雀——吓大了胆"，对父母的批评就无所谓了。

三是批评简单化。家长只对现象作批评，而且雷同重复、反复唠叨，而不着重说明孩子的过错在哪里，也不分析过错的原因，更没有引导孩子找到解决问题的办法，并没有起到批评的作用。

四是批评严重化，将孩子的过错与其人格混为一谈，简单地否定、粗暴地训斥、讽刺、挖苦来对待孩子。如"你真是笨，一辈子没有出息"，不能够一错否定全部。否则，久而久之，孩子没了自尊心，变得无所谓，自暴自弃，"破罐子破摔"。

第十，巧用"汉堡包法"批评。

什么是"汉堡包法"？

"汉堡包法"

很多人都吃"汉堡包"，而且都喜欢吃它，为什么？一个重要的原因是它的口感很好。

"汉堡包"是怎么制作的？上面一层是面皮，下面一层也是面皮，不是一般的面皮，是精心制作的。中间是肉和蔬菜，不是一般的蔬菜，也是经过精心制作的。只吃精心制作的面皮不一定好吃；只吃一盘有肉有蔬菜的炒菜也不一定好吃；把面皮、肉、蔬菜混在一起煮一大锅，也不一定好吃。把面皮中间夹上肉和蔬菜，就有好的口感，就好吃了。

于是，人们还照这种原理做了馄饨、包子，做了夹心饼干、夹心肉饼。

在管理中，只用一种方法进行管理，可能就只是"面皮"，或者就只是"肉与蔬菜"。

怎么把一些可行的方法"交"起来？

孩子的考试成绩不是太好，孩子心情也不太好，父母也不是很舒服。怎么与孩子沟通？怎么对孩子进行负反馈？

用"正负正"的"汉堡包法"：

正（面皮）："儿子，最近学习又有进步了吧？老师都说你上课专心多了"，爸爸先来了个"正"。儿子眼睛一亮。本来考试不好，准备好了挨爸爸一顿

痛批的。

"这次考试不是太好，对吗？"父亲来"负"的
（肉和菜）了。"是的。我……我……"儿子面有难色，
很是不好意思地说。

"儿子，我们一起找一下原因好吗？"父亲把"负"
转化为建设性的了。"好的。""儿子，这次你还是
努力了的，可能是一些方法不对。你的智商并不低，
只要把方法找对了，再努力一些，下次会考得好一些的，
爸爸相信你。"父亲又用了"正"（面皮）。

"正、负、正"的这种反馈沟通，孩子容易接受，
效果要好得多。

（3）冷处理

孩子犯错、太倔、不听话，父母教育孩子的方法一般有 4 个主要
方法：

批评、哄、武力、冷处理。

要不要打孩子？曾教授演讲时对家长们作过多次调查，结果是没
有统一的答案，大概比例是 2：3，即 2/5 的人赞成要打孩子，3/5 的
人反对打孩子。

赞成打的人认为，不打不成器，古今中外，有很多孩子都是因为
打而成就伟大事业的；有的父母则认为，打是很好的警示，给孩子留
下更深刻的印象，今后不再犯同样的错；有的父母则认为，有时孩子
把父母气得实在没有办法了，除了打，简直就没有别的更好的方法来
教育孩子了。

这个家庭的事

丈夫下班回到家里，看见夫人在揍儿子，没有理自己，有些生气，便径直走到厨房，看见小矮桌子上煮了一锅馄饨，于是，盛了一碗吃起来。他发现今天的馄饨与以往的馄饨味道有一些不同。

吃完馄饨后，看见夫人还在那里教训儿子，他实在看不下去了，就说："夫人，教育孩子不要老是用暴力，要多讲道理，以理服人嘛。"

夫人听了后对丈夫说："你说得简单！你说这小子不揍行吗？好好的一锅馄饨，一转眼没有看住，他居然撒了一泡尿进去。"

丈夫听了，先是愣了一下：怪不得今天的馄饨与往常不同啊！

丈夫又愣了一下后，马上说："夫人，你歇会儿，让我来接着揍他！"

也许这只是一个笑话。但是，也代表了要打孩子的那部分人的理由。

有道是：**置身事外，谁都可以心平气和；身临其境，谁还可以从容淡定？** 如某大学教授认为，"野"孩子"不打不成器"。

在主题为"父亲，孩子成长过程中重要的陪伴者"的沙龙上，因一位家长纠结究竟要不要打孩子，引发了学前教育的一线老师与教育专家的激烈争辩。

这位教授认为，现在"正面教育，不能打骂"已经成为社会的主流教育观，学校、书本都讲"要顺从孩子的天性""孩子长大了就懂了"。但这位教授却表示，从现代遗传学来说，孩子生来有差异，有些孩子生下来攻击性就强一些，家长在孩子的教养上也应该因人而异，不能都按照国外的"赏识孩子"的教育观，任由孩子发展。

打孩子，是家长给孩子一个教训，让孩子自省。"有些孩子被打了，会躬身自省，以后就不会由着性子。"但教授也表示，并不提倡对每个孩子都实施"棍棒教育"。

教授支招说，打骂孩子也要有方法。专家说，首先不要用损害孩子身心发展的"严打""猛打"，要打得有技巧，比如什么时候打，打的重度是多少，都要考虑清楚。

专家说："惩罚是要有技巧的，不能随意一顿暴打，那是没有效果的。"

而且打过以后要找孩子谈心，让孩子明白为什么要打他，让他明白这个道理，不能打完了孩子就不闻不问。

但大多数家长反对打孩子。理由也很充分：反对家暴；打了孩子可能很伤孩子的心；有时父母下手太重，可能酿成很严重的后果；很多情况下，打也起不了多大作用，有的会适得其反；许多时候，父母打了孩子也会后悔，甚至父母也会流泪。

不打孩子，那么用什么方法替代？

很多老师和家长认为，"冷处理好过用武力"。

什么是冷处理？

也叫低温冷处理，源于材料科学中改善金属工件性能的一种工艺，有大幅度提高工件稳定性、降低淬火应力、提高强度的作用。

在生活中，人们也经常用冷处理的办法来处理棘手的事情，尤其是在化解双方冲突时，这种办法的效果不错。

一般而言，"冷处理"是指矛盾发生后不急于马上处理，而是放一放降降温再行处理。

如果家长控制不住怒火，孩子也不听话，就暂时走开，让孩子走到一边"凉快去"，对孩子暂时"置之不理"，不搭理孩子，让他自己慢慢冷静下来。等冷却了情绪再考虑如何惩罚孩子，或者是让孩子自行好起来。

有的家长说，这是一种境教中的智慧育子！

据说在新西兰，家长们就广泛使用"冷处理"的方法来教育孩子。

在新西兰，打孩子是一种违法行为，因此，父母一般都不会体罚孩子。

如果儿子在公共场所闹腾，只要不影响到别人，一般都会采取冷处理的方式对待孩子，比如随他闹去。如果影响到别人，会将孩子抱走，将他放在一个比较开阔而安静的地方，让他继续闹，直到他闹够。

孩子闹是为了吸引父母的注意或者通过这种方式来达到他的某些目的。

怎样实施冷处理？在孩子犯错后，在短时间内不理睬孩子，对他投去不满的目光，用冷淡的表情对待他，使他因受到冷落而感到难受。孩子也会了解你对他的做法非常不满，他这样做是错误的，是不被接受的。

冷处理就是让孩子冷静下来。冷静需要时间，父母就给孩子这个时间吧，**让孩子有一个情绪转化的过程。**

如果孩子看到自己的闹腾没有效果，他自然会选择放弃。

我们赞成对孩子教育使用冷处理。但是，要把握好度，否则，冷处理就变成了"冷暴力"。

什么是冷暴力？

冷暴力就是用不理睬的方式逼迫孩子同意我们的要求，或者是让孩子战战兢兢，印象深刻。所以，即使孩子平静了，也继续对他表现冷漠。

显然，冷处理使用过度就是冷暴力了。

孩子对冷暴力是什么感觉呢？在《爸爸去哪儿》中，石头觉得爸爸郭涛不理他的时候就是不爱他。原话："不爱我就是不理我嘛！"在孩子心里也许就是这样理解的吧。

有的人长大了，回想小时候爸爸妈妈对自己实施的冷处理，成了冷暴力，还心有余悸，甚至不寒而栗！

比如以下这些人的回忆：

"小时候，妈妈在我伤心地哭泣时，每次都选择漠然无视，最后也不沟通。这种冷漠刺到骨髓，至今只要想起，都会让我觉得浑身寒意。"

"我也是从小在冷暴力的环境中长大，每当这样的时候，我的内心就非常痛苦，甚至想过一死了之。现在有了家庭，和老公有矛盾时，也会用冷暴力对待他，想想这有多么可怕！自己小时候不愿承受的现在却原样给了老公，直到他主动认错。如果我的孩子长大后她会怎么做呢？太可怕了！"

"曾经我也把冷暴力当作冷处理，女儿发脾气，我就不理她，她主动找我说话，我也不理她，不跟她一起上学放学，不跟她一起出去玩。我自以为这是冷处理，没想到给女儿的杀伤力还是很大的。看了专家老师的博文，我才真正清醒地认识到自己的过错，才下定决心改变自己，给女儿无条件的接纳和关爱。现在女儿开朗、阳光了好多。"

有人就认为，冷处理、冷暴力、冷漠、冷淡、冷冰冰、冷战、冷眼、冷酷、冷对待，不一定就是最好的教育方式。

我们建议：一是把握好度，二是可以与其他方式结合起来运用，可能效果更佳。

比如，冷处理有时不如去哄哄孩子。

有时候，孩子又哭又闹，并且一直收不住，父母便采用了"冷处理"，但几次使用后，孩子不吃这一套，下次她会哭得更频繁、更狠。

于是，有的父母见孩子哭了，就去哄哄孩子，特别是用转移注意力的方法，效果特别好！

4. 正确对待四大天性

天性，是一个道家名词，它指人先天具有的固有属性，具有一个外界难以改变的却可以引导善恶的趋向，故而，亦称之为本性。

天性，一个人出生就具有的秉性，一个外界难以改变的心理感知特性及行为趋向。

人的天性很多，比如，自由、自然、好奇心、占有欲、食欲、性欲、敌意（警觉心）、善意、恶意、创造欲、破坏欲、表现欲、嫉妒心、保护欲（使命感）、依赖感（安全感）、恐惧感、崇拜感、孤独感、懒惰，等等。

在父母对孩子的境教过程中，要尊重孩子的天性，想一想，孩子没有了天性，他还是孩子吗？

孩子有四大天性特别需要家长们关注和尊重。

（1）第一天性："玩"

孩子要自由自在地玩，很自然地玩。自然是孩子的天性，自由是孩子的本性，要尊重孩子玩的天性，为什么？

第一，孩子本该玩。

2015 年 10 月 27 日，《人民日报》的人民时评：**"该让孩子们多玩一玩了。"**

时评的全文如下：

正是我们所有人营造的社会氛围，把孩子变成了家里最忙碌的人。

近段时间，BBC 的纪录片《我们的孩子够强吗？》引起了中英两国民众对教育的广泛讨论，相互之间各有所得。几天前，连习近平主席也专门谈论起这奇妙的"化学反应"：英国民众认识到严师出高徒的积极效果，中国民众认识到张弛有度在子女成长中的重要作用。习近平主席还特别加了一句：**中国孩子玩得太少了，要让他们多玩一玩。**

是啊，玩，本来就是孩子的天性，是生物进化的礼物。人类学家梅尔文·康纳指出，玩耗费大量能量，经常陷人于危险之地，似乎也没有任何明显的重点、目的或功能，但智商最高的动物——包括灵长类、大象以及头型巨大的鸟类都是最爱玩的。人类能成为万物之灵，与乐于参与跟生存无关的玩大有关系。玩让孩子学会了如何解决争端，明白了制定和打破规则，了解到危险往往与新奇同在，认识到人生有时就是不公平的。

玩，本来并不是问题，几乎不要成本，只需要空地上的一帮孩子。现在的成年人，小时候谁把玩当成个事儿了？广袤的乡村里，爬树掏鸟蛋、下河摸泥鳅都是寻常事，田里地里有啥吃啥、有啥玩啥；新兴的城镇中，工地沙堆上能挖陷阱，冬储菜帮子能做武器，直到吃饭时间，家长们才会集体扯着嗓子喊回家。

而现在，玩却成了大问题。孩子一放学，各上各的车，各回各的家，一头扎进房间开始学习，没有兄弟姐妹打打闹闹，跟家长也说不上多少话，甚至睡前能见到忙碌的爸爸已经不错了；城中空地几乎消失了，连拥挤的大杂院和胡同也被紧闭的单元楼所取代。要去亲近山野，得全家人下定决心才能成行。过去的那种玩，突然成了件成本挺高的事情。

玩所面临的危机是世界性的。美国密歇根大学的调查显示，从1979年到1999年，孩子每周失去12个小时的自由时间，用于有组织的体育运动的时间增加了一倍，而被动的参观式休闲娱乐时间增加了5倍。日本摄影师萩野矢庆记曾从20世纪70年代开始在东京街头拍摄儿童玩耍的照片，不得不在1996年放弃，因为充斥大街小巷的玩耍与笑声已经消失了。

世界性的问题，有世界性的原因。工业革命改变了整个世界，但随着物质条件的进步，玩却被过度安排、过度编程了。规模和效率，工业文明的两大特点从工厂渗入了学校，于是棒球、体操、夏令营等有组织有纪律的玩取代了无目标无要求的玩。玩也要玩出模式、玩成建制，要有品牌引领、有服务体系支撑。某种程度上讲，**玩的危机，就是工业文明的"有用"语境带来的副作用。**

过分追求"有用"的用处，而忽视了"无用"的用处，是今天的成人需要反思的地方。最近一些年，我们一直把问题归结于教育，减负喊了多年，"虎妈""狼爸"却越来越理直气壮，以至于教育部日前专门给家长印发了一份《意见》，要求切实消除不问孩子兴趣、盲目报班的现象，马上引起一众家长在网上集体诉苦。没错，孩子玩得少跟教育方式有关，但面对差异巨大的教育资源，面对简历只看"985""211"毕业生的用人单位，有几个家长能把时间交给"无用"的玩？

我们都应勇于承认，正是我们所有人营造的整个社会氛围，把孩子变成了家里最忙碌的人。该让孩子们多玩一玩了。生物学家说得好，**事实比想象更离奇。**有了接触现实世界的自主时间，孩子们一定能找到兴趣，形成自己的丰富品质。现在国家正在推动"大众创业""万众创新"，钱可以拨，项目可以上，好的"创念"却不好找，**只有兴趣，才可能带着人们与之不期而遇。**

这，难道不是玩更大的"用处"吗？

玩是孩子快乐的源泉。爱玩耍、简简单单的快乐，那就是孩子的世界。多让孩子接触大自然，全身心投入"玩"的活动，对孩子的身心健康非常重要。户外除了晒太阳，还可以呼吸新鲜空气，玩耍时充足活动量，往往有助于宝宝的睡眠、食欲，是孩子学会观察、认识事物的良好开始。

玩能缓解压力。中国的孩子压力山大，当下大部分父母都已经深刻认识到"玩"对于孩子均衡发展起到了至关重要作用。然而，父母们面对多重社会压力，仍然踌躇地坚持着对孩子实行以围绕高考科目为中心的书本教育方式，使孩子们并没有得以实现真正意义上的"玩"。

玩影响孩子的一生，开发孩子的想象力和创造力。

"妈妈网"中也有关于"玩"的一段精彩语言：

玩耍，这是儿童教育中最重要的价值，也是中国式家长们最容易轻视、忽视的环节。儿童的时间不应该被学习、培训挤满，应该有大量的玩耍时间由他们自由支配。无论是独自玩耍，还是与其他儿童一起玩耍，对于儿童的认知、体能、人际交往和情感健康都十分重要。

玩，对于孩子的成长，就像维生素一样必不可少，是孩子最喜欢的活动，是适合孩子人格健全发展的活动。我们随处可以发现，孩子在玩时都很投入、很快乐。虽然是在玩，但却像认真地做事。对于孩子来说，游戏并非是成人眼里的随意玩耍，而是一种"严肃的工作"。孩子是把"严肃"的目的与游戏过程中快乐的情绪结合起来，而成人往往只注重后者，忽略前者。苏联教育家马卡连柯曾说过："**游戏在孩子生活中具有极重要的意义，具有与成人活动、工作和劳动同样重要的意义。**"

有人说得更有意思："玩都不会的孩子，还能会什么？"

孩子，在玩中学习，在学习中玩，**把学习做到玩的地步**！

其实，不少西方发达国家的教育理念就是如此。特别是幼儿园、小学和初中，孩子几乎以玩为主，学业真正做到了"减负""无负"。

孩子在小学前"唯一的任务"，就是快乐成长。不要剥夺孩子珍贵的童年，要让孩子有玩的权利！**千万不能把幼儿园变成学校！**

曾教授的《培养高情商孩子》（重庆大学出版社）一书中，在谈到孩子的玩时，也有这样一段描述：

什么是孩子？"玩"是孩子的同义语，"玩"是孩子的代名词。

玩童、玩童，玩才是童，童才叫玩。

长大成人了，玩的时间就应该少了，玩法也是不同的。

人老了童心未泯，于是人们就叫他们"老玩童"。

幼儿教育专家蒙台梭利认为，孩子有一种与生俱来的"内在生命力"，是一种巨大的内在潜力，它本来就是积极的、活动的、发展的存在，父母和老师要想办法把它激活、激大、激强。

孩子很多的创造性、能力，都是在"玩"中形成并提升的。

自由地玩，对孩子的身心、创造性都是特别有好处的。

难怪一些发达国家的教育专家和父母、老师对孩子的玩都是特别重视的，甚至陪孩子玩，和孩子在一起"疯"着玩。给孩子安排玩的时间，让他们在玩中什么都不想，就是自由自在、无忧无虑地玩。

在玩中体现孩子的天性，在玩中体现孩子的自由，在玩中体现孩子的童心、童趣，使他们成为真正的孩子。

父母和老师能够安排出一些时间陪孩子玩是最好的了，它会使父母和子女、老师和学生在心理上拉近，感觉到父母真正的可亲可爱。

第二，一定要让孩子玩好。

让孩子自由地玩。

不要老是想到玩也要有什么教育、什么意义、什么目的、什么任务、什么使命、什么责任，等等。附加了那么多的东西，那还叫玩吗？

不就是另类学习了？那种玩，孩子很累，父母也很累。

玩就是玩，**让孩子的玩回归玩的本性。**

就算是有什么目的性地让孩子玩，也要不知不觉，不显山不露水。否则，孩子懂得了，他会说"我不玩了！"

父母要陪孩子玩。

父母要安排出时间，答应孩子陪他们玩的，一定要承诺兑现。而且，玩的时间要多一些；玩的时候，父母也要进入孩子的世界，把自己扮演成孩子与儿女们玩。

父母陪孩子玩

境外有一位华人朋友，长期坚持父母与两个儿子在家里定期玩有趣的游戏，他们是怎样做的呢？

形式：家庭报告；

时间：两周一次；

人员：全体家庭成员（他们家是父母和两个孩子四口人）；

内容：若干报告。

一是时事报告。就是家庭成员中，无论是父母还是孩子，把自己这一周的所见所闻中，你认为最有价值的、最能让大家感兴趣的新闻讲出来，全家都认真听，共同分享信息"大餐"。

二是"天气报告"。就是心情交谈，有什么高兴的事，有什么心情不愉快的事，都说出来，大家分享喜悦的心情，安抚烦恼的心情。

三是抱怨报告。对家庭其他成员有什么抱怨的，心平气和地讲出来。"老爸，您上周责怪我是错的，其实，事情原来是这样的。""孩子，前天妈妈想对你说几句什么什么样的话，妈妈还没有说两句，你就冲妈妈发脾气了，你说是吗？这是不对的。"孩子在这种情况下说出原委，妈妈在这种情况下道出苦水。家人们在平等的氛围中"有冤申冤，有苦诉苦"。

四是反馈报告。父母对孩子、孩子对父母，解释认错。"儿子，那件事上，爸爸的确错怪你了，让你受委屈了，爸爸在这里给你道歉了，爸爸给你鞠躬了！""妈妈，你那天说的是对的，我事后也感到对你的态度不好，妈妈，原谅我好吗？"看看，这样的家庭氛围多好！这样长期坚持下去，孩子的交流沟通能力也得到了提高。

五是下次项目预报。全家人商量一下，两周后的下一次家庭"良善沟通"的主题是什么，是什么样的活动项目。商量完毕，确定以后，全家一起玩，疯一下，狂一下，疯狂一下。

瞧这一家子，其乐融融，其乐融融啊！

要玩得新鲜有创意。

父母可先做一些功课，打造一些适合孩子身心特点的、孩子需要又喜欢的玩法，并制订与众不同的玩耍计划。对幼小的孩子，要注重和宝宝一起游戏，和孩子一起捉迷藏。

给予必要的指导让孩子会玩。

父母进入孩子玩的世界，成为孩子"玩"的支持者、帮助者、保护者和游戏的伙伴。

比如，以下做法经过不少家长总结，认为是很好的：

为孩子创设良好的游戏环境；

在玩的过程中，给予孩子必要的引导和帮助；

在"玩"中有效地培养孩子的自主意识和合作意识；

多让孩子参与户外活动和体育游戏；

控制玩具数量，并让孩子养成收拾玩具的习惯。

（2）第二天性："犯错"

孩子的天性之一，就是犯错，犯各种错，大小与多少、经常与偶尔。

第一，孩子是犯错的代名词。

有人说，**人的一生，就是犯错的一生。**

有人调侃地说：什么是小孩，就是犯小错误的孩子；什么是大人，就是犯大错误的人；什么是老人，就是老是犯错误的人。

大人犯的错误比小孩要大得大、多得多，怎么能要求孩子不犯错呢？

在孩子的成长过程中，他们会犯大大小小的、这样那样的错。人非圣贤，孰能无过？就是圣贤，也不可能不犯错。

圣人的圣贤之处、伟大之处，不是他从不犯错，而是在于他们能够认识到，甚至是较快地认识到自己的错误，并且能够很快改正。

我们的孩子，既非圣贤，也非大人，不可能不犯错。只要是人，都会犯错；每个人都有犯过错的记录。

"不犯错？他还是人吗？"

"孩子就是为了犯错才来到人世间的。"

但是，在家庭教育中，在学校教育中，在社会教育中，人们往往都进入了一个误区：小孩子不犯错。

比如，孩子考了 99 分回来，爸爸妈妈不高兴，可能有的还会打骂孩子："为什么没有考双百分？"

为什么一定要孩子考双百分呢？父母们读书，都是考的双百分吗？孩子的小学、初中、高中的题目，作为教授、博士的父母也不一定都能做出来。

曾教授曾经说过："我当年很少考双百分，小时候'8+3'就错过多次，这不，现在不还是当了教授？"

有一位一线老教师这样说：孩子是在犯错误中成长起来的。而这样的错误需要孩子自己走过才能深有体会，家长无法代替他们体会和成长。**小错误是孩子成长的资源**，孩子的特点就是"小错不断，大错不犯"。孩子通过犯错，知道怎么做是对的，怎么做便会导致可怕的后果，由此获得了犯错的免疫力。

有专家认为，父母如果事事帮孩子，将一切事情做得妥妥帖帖，永远也没有让孩子犯错的机会，这不是爱孩子而是害孩子！父母用自己的结果取向代替了孩子的过程取向，这是家庭教育最大的悲哀。

有的老师认为，犯错误对孩子有一定的正面好处。

孩子们的大脑犹如一个个高级的放映机，当他们犯错后，在下一次接触相似的情景时，他们的大脑会将上一次犯错的过程自动在脑袋里放映出来，立即给孩子起到一个警示的作用，与此同时他们也能学会如何更好地规避同样的错误发生，没有经历过，他们是不会有这样的记忆的。

所以，父母总是担心孩子犯错是多么地不明智。

孩子今天犯了错，处理得好，明天就少犯错、犯小错，基本不犯错了。父母教育孩子，无非是让他们少犯错，少犯大错，少犯一些低级的、本不应该犯的错，尽量不要犯同样的错，不要在同一块石头上绊两跤。

父母的责任是既要不断纠正孩子的错误，又要引导孩子自己纠正自己的错误。据说日本有的企业，青年员工到企业工作，前三个月，甚至有的是半年，必须犯三个不伤大雅的小错，犯了错，帮助你分析原因，找改进的方法，结果，今后正式工作了，犯错的可能性，特别是犯大错的可能性就小得多了。

相应的，孩子如果成长过程中太"顺"，没有经过一定的犯错的挫折，长大了，小错可能便成了大错，对此，孩子要么就无所谓，不当回事；要么经受不住，精神崩溃，一蹶不振。所以，有的父母、老师、单位上的领导，要让孩子进行一些犯错的挫折训练。

第二，弄清楚孩子所犯之错。

一般来讲，孩子都会犯错，但犯错并不是坏事。

一是弄清楚孩子是不是真的犯了错。有的时候，别人告状孩子犯了错（可能是老师，可能是其他孩子，可能是孩子的家长，等等）；有的时候，是爸爸妈妈看见孩子犯了错。

这个时候，爸爸妈妈一定要冷静。有的父母听说、见到孩子犯了错，不问青红皂白，先打骂一通。

有时候听说未必是真的，眼见的也未必是实的。

这个时候，特别是要听听孩子怎么说。

二是弄清楚是什么性质的错误。是大错、小错？是重复犯的，还是偶然产生的？是故意还是另有原委？

孩子犯错的类型很多：撒谎是最多的；逃学也不少；不完成作业；骂人；与人打架；偷窃；懒散、忘性大、丢三落四；等等。

三是这个错误造成了什么后果没有？后果严重与否？对别人、别事，对孩子的影响如何？

四是原因是什么？主观的原因还是客观的原因？

有的是无心之错，原因是孩子缺乏经验，对行为的后果不能预见，这些错误是可以理解的。有的是无意之错，有好的动机但没有处理问题的能力，好心办坏事，帮倒忙，比如想帮妈妈洗碗却砸坏了一叠盘子。有的是无理之错，想要发怒气、报复或攻击谁，做一些损人不利己的事，协调不好本能与环境的关系。

搞清楚这些问题后，才好有针对性地教育孩子。

五是父母有没有一定的责任。孩子犯错了，有的原因在父母，正所谓，**"孩子有病，父母吃药"**！

第三，能够宽容则尽量宽容孩子。

正确对待孩子的犯错，是父母深爱孩子、爱得有学问和水平的表现，是父母高情商的重大表现。

就算孩子有错了，犯错了，父母应该怎样对待？

不要老盯着孩子的过失不放，**父母的眼睛里有时要能够"揉点沙子"**。

不要指责、不要责难、不要讽刺、不要挖苦、不要埋怨、不要威胁、不要过度惩罚。

指责、责难、讽刺、挖苦、埋怨、威胁、惩罚这些做法不但于事无补，反而会更糟糕，它往往会培植孩子怨恨和激起孩子的反抗，有的孩子因此受到恐吓会产生严重忧郁。

孩子可能伤透了我们的心，但我们不能伤透了孩子的心。

孩子的学习成绩不理想或者较差，父母知道后，当然是很生气了，父母常常会追问孩子："为什么不用功？""这样不用功将来会怎样怎样。""今后再不及格就怎样怎样。"

有的是孩子本来也考得不错，但没有达到父母的高标准，父母对孩子的期望值过大过高，父母就不高兴了，也指责孩子，不宽容孩子。

孩子淘气犯错，他把洗衣粉放到隔壁人家的泡菜缸里面去了，人家告状告到你的家门口了，你怎么对待小孩子这一过错？你可能就是打他了，而且大声骂他："臭小子，你给我滚出去。"好了，你的儿子其他时间没有听你的话，你叫他滚出去，这下他可是听你的啦，他就滚出去了，离家出走了，三天不回来了，你怎么办？还得到处找，登寻人启事，到派出所报案。好不容易找到儿子了，你会是一种什么样的心情？一般来说，后悔者居多！

下一次，你的儿子又犯了一个更大的错误回来了，你更是气愤，你可能会说："你去死吧。"这次，儿子又听你的话了，他就用一根绳子当着你的面上吊去死，这不是你叫他死的吗？他不是很听你的话了吗？你会怎么做？你会把儿子从房梁上救下来，你可能还流泪了，后悔不已！

对待孩子这样那样的过错，父母应该怎么办？首先该做什么？如同有人落水了，这时不是教他如何游泳，不是问他这样那样的问题，不是批评他为什么不小心，不是埋怨他就那么轻易掉到水里，而是立即帮助他上岸。无论怎样，先上了岸再说。

孩子犯错与有人落水有相同之处，都是先不要责怪他，先把他"救上来"再说。

这时，父母千万别对孩子冲动，自己千万别情绪失控，千万别恶语相向、拳脚相加。父母应该怎么做才好？等双方的情绪稳定后，还是要晓之以理才好，就是言传，就是沟通。

南非村落的习俗

南非巴贝姆村有一个古老的习俗，一直传到今天，可供父母们借鉴：

村子里有村民犯错了，怎么办？村民们一起过来，把他围在一个广场中间，轮流用手指着他诉说。诉说什么？每人说一件他做的好事，说得犯错的这人痛哭流涕，感激涕零：自己犯了错，大家不但没有指责，不但没有惩罚，反而诉说自己做过的一件件好事，当然他就要下决心改正了。

甘地的故事

印度的甘地，小时候是个"有问题"的孩子。一次，他犯了一个较大错误，父亲知道了，对着他，一句话都没有说，也没有打他，只是流泪，长时间地流泪。

小甘地这时觉得父亲对着他流泪，比打他、骂他还难受，但是这样的效果却更好。父亲显然是从一个方面宽容了他，他下决心要改正。他说："父亲用他慈爱的眼泪，洗净我污浊的心灵，用爱心代替鞭打，他的眼泪胜过千言万语的训诫，更加坚定我改过向善的决心。虽然当时我准备接受任何严厉的处罚，如果父亲真的责备我，可能会引起我的反感，而无益于我德性的进展。"

对自觉性较高的孩子，不妨用这种方法，对孩子如此这般宽容了，这样一来，知事的孩子会在心里感激父母，会自觉地改正过错。

对不太知事、不太自觉的孩子、一犯再犯的孩子怎么办？

父母最头疼的是这样的孩子。"说了他就是不听。""我真拿他没有办法。""我都失去信心了。""他真是不可救药了！""他这样继续下去早晚得出大事，这怎么办？"

这是父母教育孩子的一个难点！也是教育孩子的一个重点！这是父母教育孩子易入误区、易走极端的一个岔路口。

人们可能发现，这类孩子越来越多，越来越难教育，很多教育孩子的方法好像对他们都失效了，产生了"抗药性"。父母应该怎么办？

当然还是要宽容孩子。

"在任何情况下父母都应该宽容孩子"，这是父母的天性，父性、母性，是爱性，是永恒的信条，是不变的真理。

没有不可宽容的孩子，只有不愿宽容的父母。

只不过，宽容的方式不同，宽容的程度不同而已。

当然，宽容也要得法。如前所述，对孩子的宽容不是纵容，不是姑息，不是放纵，不是宠坏。**宽容大度，不是无边无际；慈悲为怀，不是好坏不分。**

宽容不等于不严格要求孩子。宽容是爱心的奉献，严格要求孩子也是爱心的奉献。宽容是针对孩子的不足和过错而言，平时孩子没有什么不足和过错，但是，父母仍然严格要求孩子，这种严格要求，可能是对孩子的"另类宽容"，因为它可能降低孩子犯错的概率。

第四，想办法教育孩子，不好教还得教，没有办法还得想办法。

一是父母要充满信心，不可救也得救。医生要有医德，父母也是医生，父母充满信心地救孩子，既是"医德"，更是"父德母德"。

做父母的对孩子都失去信心了，谁还会对孩子有什么信心？

如果父母真的对孩子的教育失去了信心，这只是表象，真正失去的不仅仅是信心，可能失去的是对孩子的爱、真爱；发展下去，父母就会对孩子撒手不管了，这就是父母的不负责任了，最终可能整个地失去孩子。

失去对孩子教育的信心，这恰恰是父母的错，父母的这种过错真是不可原谅、不可宽容的了！

要相信孩子，相信他心底里终有善心，终有改正之心，终有悔悟之心，终有醒悟之时。

"没有教育不好的孩子，只有无能的父母"，这话说过了些，改一下：**"没有教育不好的孩子，只有想不到的办法。"**

二是宽容后要想办法教育孩子。

埋怨一千句，不如想一个办法。

对孩子的过错，特别是一再犯错，父母哪有不生气的，哪有不情绪激烈反应的，父母也是人，他们也有七情六欲，正常的情绪反应是有的。

当然，父母的情绪反应尽量要在可控的范围内。当父母和孩子的情绪都正常后，接下来就是想办法教育孩子。

办法总比问题多！

父母要教育孩子认识自己和改正自己的错误，特别是要与孩子一起分析这次行为是不是一种过错，要达成共识，因为不少孩子感到委屈的是，他们并没有认识到自己的行为是一种过错。

这时的言传，与孩子的良好沟通、交流就显得特别重要。

要与孩子一起心平气和地分析产生这次过错的原因，避免下次重蹈覆辙，犯同样的过错。

要与孩子一起分析每种过错所产生的不好影响、对他人的伤害、对自己的伤害，特别要分析对孩子产生的不好影响。

宽容归宽容，对自觉性不高的孩子，适当地让他们付出一些代价也是必要的，但这要讲究方法，要适度，以不伤害孩子为前提。

从长远看，要配套搞一些与孩子的"约法三章"，有智有谋的约束与激励，也是必要的。

三是和孩子一起弥补因孩子过错造成的损失。

孩子有了某种过错，父母可以对孩子这样说："孩子，我们遇到了困难，看来我们有些麻烦了，我们一起想办法解决它好不好？"这时孩子心里一定会感激父母。

"孩子，爸爸妈妈建议你今后这样做好不好？"

"孩子，我要是你的话，我将这样做，你看行不行？"

不是一味指责，而是建设性地批评，它主要的功能在于指出孩子在当时情况下应该做什么和不应该做什么。

这种建设性的批评是有益的，它不涉及孩子的人格，只是指出如何解决当时的困难，就事论事，没有人身攻击。

建设性地批评也是宽容孩子的一种重要形式。

有一位儿童教育专家讲了一个"牛奶海洋"的故事，它与曾教授在《百家讲坛》讲的"水杯"的故事的意思、意义是相同的，这里，曾教授借用演绎一下这位专家讲的故事。

牛奶海洋

一个小孩从冰箱里端牛奶出来喝，不小心把牛奶罐打翻在地，把牛奶也泼了一地，孩子吓坏了，生怕母亲出来打骂他。

显然，孩子犯错了。

有的母亲不宽容孩子，会打骂的。母亲见了满地都是牛奶，对孩子先是"刮风闪电"，然后"响雷下雨"，发怒后又是难听的骂语："谁叫你去端牛奶的？逞什么能？要喝牛奶叫爸爸妈妈不行吗？满地是牛奶，你给我舔干净！"

结果可能是什么？孩子当然不可能去舔，但是孩子今后在很长时期内可能都不去端牛奶了，要么就不喝，要么就一个劲地叫爸爸妈妈端给他喝，孩子"等、

"靠、要"的习惯可能就这样养成了。

　　情商高的、宽容性的妈妈闻声而出，见到满地的牛奶和吓坏了的孩子，没有打骂孩子，反倒是惊叫了起来："哇，我的儿子真能干，居然给我创造了这么壮观的一个牛奶海洋，儿子，我们俩一起来欣赏一下你的杰作。"

　　孩子放心了，妈妈不打骂我了。

　　于是，母亲和惊魂刚定的孩子一起欣赏牛奶海洋了。

　　"这是印度洋，这该是大西洋了……"

　　"孩子，牛奶海洋我们已经欣赏完了，我们一起用拖布把牛奶海洋消灭掉好吗？"孩子可能笑了，跟妈妈一起把满地的牛奶打扫干净。

只见妈妈把牛奶罐装满水，放在冰箱里，让孩子再端出来一次，而且教孩子手怎么放，眼睛看哪里，怎样迈步。也许孩子还会打泼几次，到最后，孩子学会端牛奶出来了，不会打泼了，孩子做其他的事也自立自强了。

孩子有错也要宽容孩子，这是爱孩子！宽容孩子后，教孩子怎样少犯、不犯同类错，这是有深度、有广度地爱孩子。"宽容孩子们"，人们都会说，道理大家都懂得，但是，在实际操作中，有的问题也是很棘手的。也就是我们宽容的度的问题，它是很难把握的。

第五，让孩子从犯错中获得东西。

尝试让孩子经历犯错的过程，看看孩子将收获什么：

摔掉茶杯，孩子能学会如何更好地端茶杯才不会摔；

斜坡上跌倒，孩子下次会懂得更加小心翼翼地走斜坡；

被热水壶烫到，孩子才知道下次接触热水壶要握着把柄；

被欺负后，孩子学会了如何更好地应对别人的欺负，比如及时寻求帮助；

粗心弄丢了钱，孩子能学会如何更好地保管钱才不会丢；

没按时完成作业被批评，孩子也会意识到一时的偷懒会让自己丢脸……

孩子可能都要犯错，但不是为了犯错而故意犯错。孩子一旦犯了错，一定要让孩子在错误中获益。

孩子的犯错就像在学习中遇到难题，父母需要像老师解题一样帮助孩子去分析，只要处理得好，这时是教育孩子的最好机会。

并且，孩子犯一次错，分析认识得好，改正好，可能就增强一次免疫力，那是最好的了。

第六，孩子犯错，父母不能同时犯错。

比如，不能对孩子犯错不重视、无所谓、不找原因、不进行必要的教育；不能纵容孩子一再犯错；不能把所有错都让孩子犯，某些致命危险不应该成为让孩子通过犯错得到收获的教育途径，比如拧开煤气瓶打火、从高楼跌落、不懂游泳跳入深水池……因为错误的后果让孩子能在精神和肉体上承受得起的才是教育，否则就是盲目的伤害。

不能冲动，面对孩子犯错"冷静"二字高于一切，**"冲动是魔鬼"**！

有的父母则是冲动后失手把孩子打成重伤、终身残疾，甚至更为严重的后果！

曾有一位父亲，因孩子逃学而勃然大怒，将其五花大绑，悬空吊在房梁上后愤然离去，当父亲再次回到家中，孩子已经咽气。

最终医生并没能挽救孩子的生命。

这位父亲因儿子犯错，一时怒火失手将儿子吊死了。

后来这位父亲追悔莫及，痛哭流涕，昏厥过去。

有专家认为，对待孩子犯错的教育，也要有所区别。

在亲子关系好的家庭，孩子遭受轻微体罚，不会形成长久的心理创伤；亲子关系不良的家庭，凡事则要小心，一句不恰当的话，会让孩子记仇记恨一辈子。

父母应对孩子错误的一般原则：

幼儿2岁前，父母不能责罚孩子；

2~5岁，父母对犯错的教育要顺其自然，多鼓励和肯定；

5~12岁，帮助孩子从错误中获益，学习社会规则和承担成长的责任；

12~16岁，如果孩子外向，心理承受力强一些，对错误的批评可以引入是非观念，对内向的孩子还要多注意。

对孩子的犯错，有"三看教育法"。

一看动机。如果动机是好的，好心办了坏事，于是父母要先表扬他，以降低孩子的焦虑。

二看方法。动机好，方法不对，结果也就犯错了。如果是方法不错，或部分不错，那就肯定孩子，让他知道部分行为还是被认同的。如果方法都错了，就要教给孩子正确的方法，如前面讲的"牛奶海洋"的故事。

三看结果。看孩子所犯的错误是怎样形成的，看这个错误的结果会产生什么影响。

有专家建议的教育方法是：孩子也许开始以为自己是对的，父母需要告诉他任何行为不仅需要自己的满足，还需要别人的认同，要得到认同，就要遵守共同的规则，告诉孩子通常有哪些处事的规则。通过这样的教导，孩子很快会从犯错中学到很多好的东西，同样的错误也不会一犯再犯。

第六，其他的一些方法。

有的父母和孩子"约法三章"，给孩子的言行划出一定的底线，这也是避免孩子犯错、一再犯错的方法。

有的父母则采用了"积分"的方法。孩子做了好事，会给他（她）加分；孩子犯了错，要减分，重复犯同一类错，减分会更多一些。孩子积分变多了，可以换一些孩子想得到的东西，如书籍、玩具、食物；得到一些玩耍、旅游的机会。其实，这就是一种正激励或负激励。

还有的父母给孩子发奖状，奖励孩子某一些表现。这样，也会从正方向方面减少孩子犯错的可能性。

（3）第三天性："任性"

任性，是近几年社会上很热的一个词。

什么是任性？

它是指人的一种性格。

任性，就是任凭性子说话行事。

任性，就是随意听凭自己的脾气秉性行事；放纵，不主动约束自己，更不受来自各方面的约束。

任性的人，率真不做作或者恣意放纵，以求满足自己的欲望或达到自己某种不正当的目标或执拗使性，无所顾忌，必须按自己的愿望或想法行事。

任性的性格，小孩、大人都有。

任性和矫情是不一样的，矫情是无理取闹。

有的人有了钱，很任性："咱有钱就是任性！"

有的人有了权很任性，权力相向，必须服从！

有的人有了能力任性，人家都不会，只有他才有能耐，于是他任性了。

有的人优秀卓越任性："你有任性的资本、本钱吗？"

2015 年 12 月，《咬文嚼字》杂志发布 2015 年度"十大流行语"，"任性"排第七。

一般来讲，孩子都任性。

甚至一些大孩子、老孩子也很任性。

比如，人们刚对"80 后"担心了后，接着又担心"90 后"了。而且，"90 后"的任性也是达成了社会共识的。

　　　小王是一个"90 后"。一天，小王找到公司老总，与老总有一番对话：

　　　"老总，我明天不来上班了。"

　　　老总问小王为什么不来上班："不上班你准备去哪儿？"

　　　小王对老总说了："老总，我准备去寻找远方的自我。"

　　　老总一下子还没有反应过来："什么是远方的自我？"

　　　小王："外面的世界很精彩，我准备去看一看。"

　　　实际上就是跳槽、炒公司的鱿鱼的另一种说法。

所以，现在有的管理者经常摇头叹气："现在的'90后'太任性了，说得不好，一拍屁股，说走就走，甚至连工作也不交接、不交代一下就走了；甚至连屁股都没有拍就走人了。"

在教育孩子的过程中，父母大都发现自己的孩子有些任性。

随着孩子自我意识的成长，大多数的孩子会出现一些任性的行为，尤其是在2~4岁最为常见。

孩子任性的主要表现在于：

有的孩子是你说东，他偏往西；

有的孩子比较爱表现自我，凡事都喜欢说"不"，到处炫耀和滥用自己的"否决权"；

有的孩子情绪不稳、脾气暴躁、任性胡闹，喜欢拒绝别人的要求；

有的孩子脾气说来就来，稍不如意就和父母对着干；

有的孩子具有突发性、不稳定性和反复性，不可抑制的狂躁；

有的孩子想哭就哭、想笑就笑、想闹就闹，父母的话根本听不进去。

太任性的孩子特别难教育，也特别令父母头疼。

父母怎样看待、对待孩子的任性？

第一，孩子有任性行为是正常的。

想一想，许多大人都很任性，更何况孩子们呢？

如果孩子不哭、不笑、不闹，父母会愁死了。

哭、笑、闹，那才叫真正的孩子，才有个孩子样。

第二，孩子任性过度并不是好事。

特别是养成任性的习惯后，影响孩子的成长，使孩子长大后也会不够理性。

任性的孩子难以与别人友好相处，难以适应集体和社会生活。

任性可以说是独生子女的通病，非独生子女也不同程度地存在任性。任性过度还会严重影响其个人健康成长。

孩子为什么任性、太任性？

一是天生的，任性是孩子的本性！孩子毕竟是孩子，孩子还小，任性当然就会产生。孩子越小，感性的成分越多，他们不可能像大人、老人一样，理性而不任性或少任性。

二是后天培养、家庭环境造成的。即"极端自我中心"的生活环境是培植任性的沃土。

父母迁就放任，让孩子指挥一切，他们的自我中心意识就会过度膨胀，从而表现为极端任性，这在独生子女的隔代教育中体现得尤为明显。而老人当着孩子的面反复说他任性，更给了孩子一种心理暗示，进一步引导他朝着"任性"的方向发展。这叫作"标签效应"。可以说，这种孩子的任性完全是成人"培养"的结果。

一些爸爸妈妈对孩子过于溺爱、娇惯，爱得过度或放松教育，无节制地满足孩子吃、穿、玩的要求，无一定的生活常规和行为准则，凡事都顺着孩子的心意。一旦某件事不能按照孩子的想法去做，孩子就会任性地大哭、大闹。如果爸爸妈妈为此而心疼作了第一次让步，这就让孩子意识到了他的这种做法十分有效，以后就会不断使用这种手段来达到自己的目的，这就滋生了孩子任性妄为的坏毛病。

再就是父母用训斥、打骂等粗暴方法压制孩子的正当需要和意见，使孩子产生逆反心理，以执拗来抵抗粗暴，发泄不满，更助长了孩子的任性行为。还有的是孩子不听话，父母的要求和愿望难以实现，便感到无奈，于是对孩子放任自流，久而久之导致任性的形成。

第三，怎样让孩子不要太任性？有专家建议：

一是平日不要过于娇惯孩子，要给予孩子正确的引导，让他知道爸爸妈妈不是万能的，不是他的每一个要求都能够实现。

二是年幼的孩子在情绪上比较多变，因此爸爸妈妈在处理事情时要思想先行，在考虑好可能发生的情况及处理的办法之后再行动，以免到时不能应对孩子的任性撒娇。

三是对待孩子任性和发脾气，虽然心里很着急，但脸上不要过于表露，可以采取不理睬的方式处理，孩子在自觉没趣后会自己停止。

四是用孩子感兴趣的事物转移孩子的注意力，让他将精力投入新的事物中。孩子是健忘的，自然就会忽略刚才发生的事情。

五是尽量不要让孩子第一次发脾气就得逞，胜利感会激励他以后次次都使用这种方法。

六是当着孩子的面多夸奖别的听话的孩子，让他多接受正面暗示，意识到爸爸妈妈不喜欢任性的孩子。为了博得爸爸妈妈的表扬，他也会学得很乖。

七是不要当着孩子的面表现出自己没办法，也不要说诸如"再不听话我揍你"等话语。

八是不要轻易对孩子许诺，特别是做不到的事情，而答应了的一定要做到，这样你说的每一句话，孩子才可能信任、明白它的分量。

九是适当惩罚，告诉孩子因为他发脾气而错过了他盼望已久的活动，这足以令他在下次发脾气前慎重考虑。

十是家人态度要一致，不能一人一个态度，让发脾气的孩子钻空子。

十一是让孩子在多种选择中自己作出决定，因为是他自己的选择，他不太好意思发脾气。

十二是要坚定，不要因为孩子的大哭而改变主意。

十三是转移孩子注意力。孩子注意力易被新鲜的事物所吸引，要善于把孩子的注意力从他坚持的事情上转移到其他新奇、有趣的物品或事情上，孩子的注意力被转移后，很快会忘记刚才的要求和不愉快。

十四是事先提示。在家长已经掌握自己孩子任性行为规律后，用事先"约法三章"的办法来预防任性的发作。

十五是冷处理。孩子由于要求没有得到满足而发脾气或打滚撒泼时，大人可暂时不予理睬，给孩子造成一个无人相助的环境，不要表露出担心、怜悯或迁就，更不能和他讨价还价。当无人理睬时，孩子自己会感到无趣而作出让步。事后，家长对孩子简单而认真地说明这件事不能做的原因，并对他说"相信你以后会听话的"之类的话鼓励他。

十六是激将法。利用孩子的好胜心理，激发起他们的自信心去克服任性。如孩子在每餐吃东西后都习惯不擦嘴巴，还任性地说："我不喜欢擦。"家长可以说："你不是说你像白雪公主吗？我看白雪公主就比你干净。"

十七是适当惩罚。对于年龄小的孩子，只靠正面教育是不够的，适当惩罚也是一种极为有效的教育手段，如孩子任性不吃早饭，家长既不要责骂，也不要威胁，只需饭后把所有的食物收起来。孩子饿时，告诉他肚子饿是早晨不吃饭的结果，孩子尝到饿的滋味以后就会按时吃饭了。

（4）第四天性："异想天开"

一般来讲，异想天开是一个比喻成语，比喻凭空的、根本没有的事情，也指想法很不切实际，非常离奇、不能实现。

第一，孩子就应该异想天开。

可以说异想天开是孩子的天才表现，是孩子创新创造的必备条件。不能异想天开的孩子，怎么可能创新创造？

一个只会背熟规范的孩子、一个不会白日做梦的孩子、一个唯唯诺诺超级听话的孩子、一个会揣摩考卷出题人意图的孩子，不可能成为还存有足够想象力的孩子。

而且，由于孩子还小，年幼无知，又没有成人头脑中的条条框框，自然在脑海中就会有许多天马行空的想法。这些想法恰恰可能是孩子们富于想象，开始创新创造了。

鲁迅先生说过，孩子的想象力是值得尊重的，凭借想象，孩子们可以上天，可以入海，可以到达小鸟都到达不了的地方。

第二，要怎样正确对待孩子的异想天开。

父母对孩子的异想天开，不能鄙视、指责，而应鼓励、激励。

爱迪生母亲的尊重与理解

爱迪生从小喜欢做一些稀奇古怪的科学小试验，而他的老师却认为他是异想天开，不务正业，上小学三年级时就用管教的方式被勒令退学了。

但是，爱迪生的妈妈南希却不这样认为，坚决对孩子施行放教，对儿子的各种异想天开的小试验非常支持，还在家里的地下室专门为他开设了实验室，使爱迪生的自觉想象力和创造力得到了极大的激发。正是因为这位伟大的母亲南希能相对尊重和理解孩子的异想天开，才造就了一位享誉世界的大发明家。

苏霍姆林斯基的话发人深省："**教师无意中的一句话，可能造就一个天才，也可能毁灭一个天才。**"

第三，父母应给予相对的尊重和理解，并在这一基础上对孩子实施教育。切忌用成人的标准来要求孩子，更不能用管教的方式讽刺、挖苦、斥责孩子。

方苹果

一堂小学美术课上，日本老师发现有位孩子画的是方苹果，于是耐心地询问：

"苹果是圆形的，你怎么画成方形的呢？"

孩子回答说："我在家里看见爸爸把苹果放在桌上，一不小心，苹果滚到地上了。要是苹果是方形的，它就不会滚到地上了，那该多好呀！"

老师鼓励说："你真会动脑筋，祝你能早日培养出方苹果。"

把苹果画成方形，显然脱离实际，而那位老师却循循善诱，引导孩子道出画方苹果的原因，并且加以鼓励，这种做法实在值得借鉴。

第四，"放教"并不是任由孩子胡思乱想，在夸奖孩子的想象力的同时，不要忘记做好正向引导。

鼓励孩子打破陈规，摆脱原有知识范围和思维定式的禁锢，从而产生创造的新发现、新设想，以培养孩子的创新能力。

第五，老师和家长要创造一个孩子能异想天开的环境。

学校和家庭，以及若干企业、组织，乃至全社会，都应该营造这样的环境。

优秀作文

1984 年里根当选美国总统的时候，美国的一批小学生在学校读书读烦了，老师带他们到户外去玩耍。

小孩到了户外，什么都感到新鲜。啊，蓝天！啊，白云！啊，蛐蛐！看到什么都感到新鲜，非常高兴。

孩子们来到一个树丛中，发现了一个蛋。于是，孩子们纷纷围过来，都好奇地猜测是什么蛋。

有的说是麻雀蛋，马上有孩子否定，说麻雀还没有这个蛋大。

有的说是恐龙蛋，马上又有孩子否定，说恐龙死了好多好多年了，怎么会有恐龙蛋呢？

鸭蛋、鸡蛋……猜不出来了，猜了也被人家否定掉。

有的小孩建议，猜它干啥，把这个蛋抱回家，放在孵化箱里加温、孵化，孵化出什么就是什么。

大家都说："Good idea！"

于是，孩子们就把蛋抱回家，放到孵化箱里加温，大家的眼睛一直对准这个孵化箱，看到底出来的是什么。

看啊看，等啊等，终于，蛋壳里在躁动，裂缝了，蛋壳破了，里面的东西出来了。把孩子们全都给惊呆了。哇！是什么？是里根总统。

这个蛋壳里面出来了个里根总统，这是荒唐的，甚至是异想天开！

这是在全美国被推荐的一篇优秀作文。

王健教授在他的书中讲道："孩子的联想是丰富多彩的，也许有人会说这是'瞎想'，没有什么意义，可是，往往是这样自由的联想才是最真实的、最充满新意的！"

其实，这更多的是想象。换了在有的学校，老师可能会很快给一把红色的"叉"，然后附带地批评几句："第一，不符合记叙文的规范；第二，结尾要有意义，怎么就出来个什么就完了？第三，简直是胡思乱想，在我国，肯定是出来了一个什么什么高级领导人，这怎么可能。"哎呀，孩子的丰富想象力可能从此就没有了，创新的思维就泯灭了。

5. "三宝"合一

要让孩子优秀，要把孩子教育好，非常重要的是"三宝"合一：言传、身教、境教，一个都不能少，而且要相互促进，相互补充。

某女士的"三宝"合一

2009 年，曾教授到浙江宁波演讲——"情商成就孩子未来"。演讲结束后，不少家长继续与曾教授交流育子的体会。

有一位看起来很年轻的中年妇女，向曾教授介绍了她教育女儿的一些做法，教授听了，很以为然。

这位女士主要是教孩子如何爱人、与人分享、独立自主、热爱生活，把学习成绩放在第二位，把孩子的做人放在第一位。

这位女士有以下一些做法：

每次回农村老家，都要带许多糖果，让孩子分给农村的其他小朋友，一起分享、共享；平时收集一些图书，回农村老家时，也给农村的孩子带去，送给他们，爸爸妈妈还帮着孩子收集图书。

孩子很小的时候，让孩子自己吃饭，培养孩子吃饭的兴趣，一般不喂孩子，特别是孩子稍微长大了一点，不会老拿着碗追着孩子吃。让孩子自己整理书包文具。

每周让孩子做一天"小当家"，给她20元钱（早些年，物价不高时），让她去买全家的早餐和午饭。孩子就算只买了一个萝卜回来，妈妈也会认真地做出如萝卜丝、萝卜片、萝卜块；煮萝卜、炒萝卜、凉拌萝卜等多道菜出来，因为父母不能让孩子感到父母出尔反尔。

让孩子做力所能及的家务劳动。

让孩子学会认真地计划，并且辅导孩子进行各种计划。

她们意识到，要什么就给什么，这是独生子女自私任性的根本原因。

不能老让着孩子，否则会造成孩子的自私自利。

什么好东西都让孩子先选，她就不会关爱别人。

她们不逼迫孩子学什么；不强迫孩子做什么；而且把要学的东西有什么好处说出来，让孩子选择。

培养孩子的好心态，热爱生活，对什么都感兴趣，都想学。

　　她们经常给孩子讲故事，也让孩子给父母讲故事。

　　她们经常陪孩子玩耍，带孩子去旅游。

　　她们坚持尽量陪孩子吃饭，特别是共进晚餐。

　　孩子考试不好也不怪她，帮孩子分析，她从来没有得过100分，这又有什么呢？父母们要做一个选择：是要孩子还是要100分！当然首先是要孩子！

　　专家说：家长和孩子就像两棵彼此分离又相互靠近的大树和小树，大树要为小树遮挡风沙，也要给小树留下足够的空间，感受阳光，呼吸空气，这样的小树才能在属于自己的空间里自由伸展，茁壮成长。太靠近大树的小树，是不能长成参天大树的；而远离大树的小树，却要独自去抵挡风沙，虽坚强无比却又极易扭曲或夭折。

　　有人说，教育孩子是天底下第一难的事情，谁都说不了大话。

　　教育孩子再难、再难，父母还得运用好"三宝"努力去做，并且要尽量做好。

　　诗人说：

　　没有比人更高的山，没有比脚更长的路。

　　既然选择了远方，便只顾风雨兼程。

图书在版编目（CIP）数据

育子三件宝：言传、身教、环境好 /曾国平，曾经著. —重庆：重庆大学出版社，2016.8（2023.11重印）

ISBN 978-7-5624-9900-8

Ⅰ.①育… Ⅱ.①曾…②曾… Ⅲ.①家庭教育 Ⅳ.①G78

中国版本图书馆CIP数据核字（2016）第130775号

育子三件宝:言传、身教、环境好

Yuzi Sanjianbao:Yanchuan Shenjiao Huanjinghao

曾国平　曾　经　著

责任编辑：张家钧

责任校对：张红梅

版式设计：张　晗

重庆大学出版社出版发行

出版人：陈晓阳

社址:（401331）重庆市沙坪坝区大学城西路21号

网址：http://www.cqup.com.cn

重庆市正前方彩色印刷有限公司印刷

开本：720mm×1020mm　1/16　印张：15.25　字数：168千

2016年8月第1版　　2023年11月第4次印刷

ISBN 978-7-5624-9900-8　定价：35.00 元